THE MOST
# SUCCESSFUL
SMALL BUSINESS IN THE WORLD

# 创业

## 一次就成功

创建基业长青企业的十大告诫

[美] 迈克尔·格伯（Michael E. Gerber） ◎著 李凤阳 ◎译

廣東省出版集團
广东人民出版社
·广州·

图书在版编目（CIP）数据

创业一次就成功 /（美）格伯 (Gerber, M. E.) 著；李凤阳译．— 广州：广东人民出版社，2014.5

ISBN 978-7-218-08309-4

Ⅰ．①创… Ⅱ．①格… ②李… Ⅲ．①企业管理 Ⅳ．① F270

中国版本图书馆 CIP 数据核字（2014）第 031868 号



Chuangye yici jiu chenggong

**创业一次就成功**

[美] 迈克尔·格伯 著　　李凤阳 译



**出 版 人：**曾　莹

**策　　划：**中资海派
**执行策划：**黄　河　桂　林
**责任编辑：**肖风华　梁　茵　洪玉琴
**特约编辑：**涂玉香
**版式设计：**王　芳
**封面设计：**新艺·书文化　蔡小波

出版发行：广东人民出版社
地　　址：广州市大沙头四马路 10 号（邮政编码：510102）
电　　话：(020) 83798714（总编室）
传　　真：(020) 83780199
网　　址：http://www.gdpph.com
印　　刷：深圳市东亚彩色印刷包装有限公司
书　　号：ISBN 978-7-218-08309-4
开　　本：787mm × 1092mm　1/16
印　　张：17　　　字　　数：212 千
版　　次：2014 年 5 月第 1 版　　2014 年 5 月第 1 次印刷
定　　价：42.00 元

如发现印装质量问题，影响阅读，请与出版社（020-83795749）联系调换。
售书热线：(020) 83790604　83791487　邮　购：(020) 83781421

# 致中国读者信

Dear friends in China —

As you read this book, it is important for you to know that it has been successfully applied in small businesses throughout the world.

It is ready to be applied by you!

Read, learn, and follow me on MichaelEGerber.com to make certain you have everything you need!

Thank You,
Michael E Gerber

亲爱的中国读者：

在美国甚至世界上许多地方，本书中的理念和方法已经被成功实践过。在阅读的时候，请你怀抱这样的信念：这些真知灼见正等着你用行动将之变为震撼人心的成就。

请阅读并且学习这本书，并跟随我个人网页 www.michaelegerber.com 中的步伐，获得你想要的一切！

谢谢你的关注。

迈克尔·格伯

# 孙陶然推荐序

The Most Successful Small Business in the World

孙陶然

拉卡拉支付公司创始人
畅销书《创业 36 条军规》作者
北京大学企业家俱乐部发起理事

## 创业，贵在行动

《创业一次就成功》的编辑和我联系，希望我为本书作序并最好对其内容作一些点评，原因是 2012 年我那本《创业 36 条军规》出版上市后一年内就印刷了 14 次，而且他们认为我那本书中有些理念和本书的作者不谋而合。于是，在一次北京飞往三亚的飞机上，我通读了书稿，就每章涉及的问题作了一些点评，希望对读者有所启迪吧。

现在创业很热，与创业有关的书和演讲及培训都很多，这也反映出越来越多的人关心创业、希望创业。这当然是好事，因为只有创业才是社会前进的动力。但是从另一个角度看，如果没有实战经验的人凭借一些理论以及自己对这些理论的理解教人创业，误人子弟是必然的。

创业是一门社会科学，更是一门行动科学，需要超强的领悟力以及超强的执行力。本书作者对此进行了很多思索，提出了一些创业者必须思考和解决的问题。我没有读过作者此前的书，但是我想既然人家在国际上享有盛誉一定有其道理，即便我们认为其理念和中国国情有差距，但存在即合理，我想它会对读者有一定借鉴作用。不过，中国的国情和美国毕竟不同，美国创业者司空见惯的问题，也许恰恰是中国创业者必须解决的，希望我的涂鸦式的点评能够对大家有所裨益吧。

---

注：本书每节前点评和微语录均由孙陶然先生提供。

# 韩小杰推荐序

The Most Successful Small Business In the World

韩小杰

创业公社（深圳）公益大讲堂创办人
清华大学 EMBA（香港）华兴社副理事长

## 打破中国“小买卖”式创业惯性思维

一个月前，我十几年的好友、中资海派总裁桂林在创业公社发微信给我说：韩大哥您做的创业公社很有意义，看我们能否找到彼此对接的地方，如读书分享会、为创业图书作推荐等。没过几天，中资海派就发来一份即将付梓出版的创业书稿，请我为这本书写个推荐序。没想到这个美丽指令来得这么快啊！

接到这个美丽指令，我有点惶恐。虽然我在创业公社论坛上发表过数百篇小文章，但从来没有为正规的书写过序。不过，当我看到内容简介时，一下子被书名《创业一次就成功》震撼了！因为它颠覆了我对创业的一贯认知：“没有人能够随随便便成功”。我脑海里全是跌倒了，爬起来，再跌倒了，再爬起来的创业励志故事，从来没有这种“创业一次就成功”的认知。在我认知的层面，“创业一次就成功”简直是天方夜谭！

这本《创业一次就成功》是被誉为国际创业教父迈克尔·格

伯的杰作。难道迈克尔大叔“发明”了创业口诀吗？这是不是仅靠书名哗众取宠的浮华之作呢？随着我阅读和思考的深入，这些疑问逐渐消失了。最后，我得出了负责任的判断：这是一本颠覆中国大多数创业惯性思维的书；这是一本真正披露创业成功基因密码的书；这是一本高屋建瓴教你打造基业长青企业的书；这是一本完全让你摒弃传统观念即停留在做小生意小买卖层面的书；这是一本真正揭示经商之道的书；这是一本站在人生高度讲如何经营你的事业的书；这更是一本重新定义创业不仅关乎你自己同时更关乎整个社会利益的书。这本书，让你不仅从经济的角度来创建未来的商业帝国，更以国家公民甚至全球公民的角度来审视你为创业所做的一切。

我相信，随着岁月的流逝和检验，这本书对创业人生、对企业的指导和诠释，其意义将更加不同凡响。目前我们所认知的这本书的价值可能仅限于冰山之一角。我预测，这本书如果在20年之后重读，将是它的价值威力彰显天下的时候。

就我个人理解，这本书不是创业操作手册，而是一种引领，是一场创业新思维的风暴，是一次打破中国“小买卖”式创业惯性思维模式的科普与推广。中国国情和现状决定了这种“生意思维而非企业思维”的创业模式还会存在很久。

不过，无论企业大小，如果创业者能够着眼未来，登高望远，从诞生那天起，由内而外强化自己的商业理念和思维，创建一个有故事的企业、有社会责任感的企业、有创新服务意识的企业，那么“创业一次就成功”将不再是传说。

中资海派创建初始，立足高远，凭承传播“用全球智慧改变中国”的理念，用事实树立了一个迈克尔·伯格“创业一次就成功”的中国榜样。

# 李治仪推荐序



李治仪

第四届中国新时代风采“杰出策划人物”
《小老板的创业经》作者

## 创业，需要革命性的视角

创业不是件容易的事。据权威机构调查统计的结果显示，个人创业前5年内失败的概率为90%，后5年内失败的概率为9%，10年内创业成功的概率只有1%。但其实创业路上很多挫折是可以避免的，或者说可以把失败最小化。因为创业是有形的、有方法可循。这也是当初我撰写《小老板的创业经》的原因，想把一些经验分享出来，让更多的创业者少走弯路。但是在创业的漫长路上，只有一本《小老板的创业经》是远远不够的。

当下，中国政府正大规模地扶持和鼓励创建中小企业。对于大多数想创业或守业的人来说，《创业一次就成功》是一本必读的国际创业思维模式“宝典”。所以，我很乐意将它推荐给广大读者，希望它能给中国创业者带来国际创业思维模式。

迈克尔·格伯在书中指出：当一名企业家，首先要唤醒自己的内心，明确自己的创业思路，尽量少走弯路。而本书中由他主讲的10堂创业课，从10个方面深入浅出地总结了创业的必备要素，并以全新的视角剖析了国际知名企业的创业成功要点，每个要点都“击中”创业大架构的“命门”。从“要创业，就创办不会‘夭折’的企业”的起步思路，到具体的“小企业，大系统”的内部机制建立，迈克尔·格伯提供了最实用最有效的解决方案，从根本上解决困扰中国创业者的诸多问题。比如，雇佣不到企业最需要的人才怎么办？除了自力更生、银行贷款外，还有哪些融资途径？在金融危机中倒闭的企业到底缺少什么？成本上涨、资源紧缺，钱真的是制约一切问题的瓶颈吗？

创业者需要革命性视角。站得更高才能看得更远，有思路才能决定企业出路。

# 权威推荐

The Most Successful Small Business in the World

超级畅销书《高效能人士的七个习惯》作者　史蒂芬·柯维

迈克尔·格伯的十大创业法则能够帮你在这个命途多舛的时代创造出更新鲜的、更伟大的理念。

商业畅销书《销售中的心理学》作者　博恩·崔西

迈克尔·格伯将告诉你如何创建一家属于你自己的、比你想象中更好的、更有意义的企业。

国际畅销书《心灵鸡汤》系列合著者　杰克·坎菲尔德

你的企业能否在当今的经济环境中生存下来，就要看你是否会读这本书了。

《纽约时报》畅销书作家、BNI 商聚人社团创办者　伊凡·米斯尼尔

这本书给我们这个动荡不安的年代带来了一种全新的思维方式。迈克尔对当下所面临的难题进行了敏锐的观察，并为在任何经济或政治环境下创建企业提供了行之有效的十大法则。

中国新时代风采"杰出策划人物"、《小老板创业经》作者　李治仪

《创业一次就成功》还未上市便已经在国内掀起了一股强烈的创业求知的热潮，其魅力在于帮助你的企业在两年之内存活下来，5 年之内成长，最终成为强势企业。10 堂创业必修课，10 点经营秘诀，让你的企业成为世界 500 强！

重庆香锅年代董事长、重庆餐饮年度领军人物　赵　国

《创业一次就成功》集结了作者迈克尔·格伯的毕生所学所用。作者曾被 *INC.* 杂志评为"全球首屈一指的小企业经营大师"。而且，在本书中，还有国内创业精英孙陶然先生的倾情点评。纵观国际创业前景，横观企业内部运营，相信这本书一定会让你大受启发，让你少走创业弯路。

新华教育集团网络运营中心　余小何

如今国内创业潮方兴未艾，到底如何才能经营好一个企业呢？《创业一次就成功》的作者被称为国际创业教父，在本书中，他将会颠覆你的创业思维，让你感受国际创业思维模式，看看国际大企业家如何经营自己的公司，有什么秘诀。相信本书一定会对你的事业大有裨益。

山珍总经理、阿里巴巴全球十佳网商　赵海伶

在最年轻的时候，坚定地忠于内心所想，用勇气和无悔的青春体会生命里每一种滋味。只有在艰苦的奋斗里，才可以看见 12 种颜色。创业，其实就是一种最直接的坚持理想的方式，要吃苦更要用对方法。或许，读过这本书，你也会"创业一次就成功"！

晶铭圣恩（北京）经济文化咨询有限公司总经理　周　蓓

在中国，很多年轻人热衷于创业，但创业成功的概率往往很低。本书作者号称"国际创业教父"，写这本书的目的就是帮助这些年轻人少走弯路。本书会为那些在创业路上奔跑的人们点燃亮光。

贵州鼎道传媒有限公司总经理　李扬帆

改变你的思维，改变你的人生的 10 堂课全部浓缩在《创业一次就成功》中。本书作者是"国际创业教父"迈克尔·格伯，其创业模式已成为当今社会的创业典范，请看看他是如何走出困境，最终做成大企业的。

# 读者评论



Lumina Dental Spa 公司　阿里夫 · 巴拉干姆

我热爱我的企业，我充满了活力。我的团队也充满了活力。我的客户们喜爱我的企业。我以前从没想到创业原来竟是这么有趣的一件事。谢谢你，迈克尔，能够得到你的辅导，我感到万分荣幸。

Passion Maps 公司创始人兼 CEO　彼得 · 沃尔曼

接受迈克尔·格伯一年的辅导相当于读 10 年的商学院。我们共同走过的企业发展旅程简直棒极了。迈克尔的天才、激情和能量让我感到充满了力量。

澳大利亚黄金海岸策划总监　戴夫 · 麦克格雷斯

我再也不怕做梦了。我再也不怕行动了。迈克尔·格伯给了我创建心目中的企业的勇气。

弗莱德 · 艾克菲德博士

与迈克尔·格伯相识并相熟还有他的天赋令我眼界大开。这次体验促使我重新思考（而且是不止一次地思考）作为一个创业家的工作方式。现在，很显然地，我能够自信地怀着任何新的商业理念向前迈进。

Insight Associates 联合公司　葛瑞 · 芒福德

迈克尔对于企业运营和让企业充满活力的洞见让我豁然开朗，我看见了我的企业的新方向和潜力。任何一个人在新创或开始运营一个企业之前，都应该好好学习一下他的著作。

餐饮链锁店老板　张伟忠

迈克尔·格伯不仅仅教会了我如何打破常规思考问题，他还让我看到了我所能够创建的企业的特殊形貌。从那以后，一切都变得不同了。

大四学生　魏　哲

阅读这本书的过程将令你脱胎换骨，看到你内心深藏所隐藏着的东西。可怕吗？是的！兴奋吗？当然！然而最令人兴奋的还不是这个过程将如何改造你，而是你将如何改造这个世界。

自由职业者　杜　涛

有了迈克尔·格伯关于创建企业的系统的、全盘的指导，我的整个世界已经发生了翻天覆地的变化。

某网站创始人　梁子龙

迈克尔说："打造你的企业，不要为你的企业打工。"这一理念令一切都变得不同……

快速消费品销售经理　乔　斌

迈克尔·格伯让我找到一个未曾解决的问题，然后利用解决这个问题的契机成功创业。正是由于他的引导，我放弃了之前不切实际的空想，并为我们社会中某个非常真实的需求找到了一个行之有效且独树一帜的解决方案。

个体经营者　邱　敏

迈克尔和他的书极大地拓展了我对于"我能够做什么"以及"我的企业能够成长到何种规模"的信念。

# 目 录

The Most Successful Small Business in the World

# 前 言

## 唤醒你“内心的企业家”

我第一次与迈克尔·格伯的会面完全是命运的安排。然而，我相信这绝不仅是巧合而已。我深信爱因斯坦的名言：所谓巧合，不过是上帝匿名出现的方式罢了。

曾有一位智者说，我们一直生活在一个自我掩饰的面具里，一旦摘掉了面具，我们的内心就会散发出夺目的光彩并充满智慧。我受到这个观点的启发，将“坦然面对真实的自我”作为一个梦想。

第一次见到迈克尔的时候，我36岁，而他已经70多岁了。当读到他那本《创业必经的那些事》(*The E-Myth Revisited*)时，我突然产生了一种让我感到惊奇的精神体验。他书中的一句话深深地打动了我：“我绝不会让幕布再次落下。”作者的这种情感以及我的本能告诉我，迈克尔的方法和态度很有可能会帮助我实现“坦然面对真实的自我”的梦想，于是我决定见他一面。

我知道迈克尔曾经给成千上万的小企业家以启发和鼓舞，但见到他并不容易，而我也不愿就此放弃见他一面的想法。尽管我试图联系他时把电话打到了别人的办公室，但后来他还是收到了消息。他听说有一个人想要见他，就立刻与我约定了见面的时间和地点。

这次会面令我永生难忘。我在工作中经常会碰到形形色色的人，他们的背景各不相同。我发现，某些人一旦到达了人生的某一阶段之后，就开始满足于现状、不思进取，或者至少是对目前所取得的地位志得意满。虽然这种满足感会给人带来一些好处，但在精神修养方面应当永不满足。

迈克尔有一种温厚而强大的精神力量，总能使人振奋起来。他已经70多岁了，本该从容退休，但他内心的那种充满活力的、不停探索的精神鼓舞着他永不言退。他的精力非常旺盛，全身都洋溢着创业的激情。他虽然有着70多岁的身体，却有着25岁的心灵。最难能可贵的是，他从不回避探讨一些在普通人看来毫无意义的哲学命题，这真令人赞叹不已。

在当今世界，人们已经习惯于逃避重大的问题了。人们已经停止了求索，已经不再和自己内心真实的自我对话了。最常见的是习惯性地躲避核心的哲学问题，比如：生活的意义是什么？我们为什么要结婚？我们为什么要生孩子？我们在生活中最需要的东西是什么？我们已经被周围的物质世界所禁锢，终日忙于养家糊口而无暇思考这些生命的本质问题。

现在，我终于见到一个仍然孜孜不倦求索的人。他不会把任何议题列为“禁忌议题”。对我而言，这不啻是一股清新的空气。

只要活着，一个人就应该持续地为自己的生命发声。有生命的东西就应该生长。人会生长，动物会生长，植物也会生长。只有没有生命的石头才不会生长。

迈克尔矢志不渝地生长着。同时，他还利用自己的天赋帮助他人生长。他曾经写过这样一段话：“大多数创业家其实并不能称之为创业家，他们不过是饱受‘创业冲动’困扰的技术人员而已……其实每个人心中都有一个‘创业家’，但是因为大多数人不能和自己的内心对话，所以无法发现这个创业家，也就总是在创业之路上遭遇挫折。”

真是一语中的。他自己就不仅仅是一个技术人员，他没有以压制提问的方式把自己内心真实的自我拒之门外，也没有无意识地、机械地重复以往的动作。他正在自己的发现之旅中不断前行，实践着自己的理念。

现在我意识到，迈克尔在向创业者传达信息的时候，实际上是在与他们分享自己的思想。他希望别人也能够敞开心扉，这样才能与自己内心真实的自我保持心灵相通，才能发现自己内心的“创业家”。

维基百科把创业家定义为“创建一家企业或一个商业项目的人，并为其内在风险和后果承担重大责任的人。”实际上，他必须是一个愿意与自己内心真实的自我对话的人，就算这样做会带给他们风险和恐惧也在所不惜。这样，创业之路才会走得更远，人生之路才会走得更非凡。

正如迈克尔所言：“商人失去了梦想，就如同生命失去了意义。”创业家势必永远与梦想结合在一起，因为他们无时无刻不在思考着自身的意义。

列维·库宁（Levi Cunin）

于加利福尼亚州马里布

# 自 序



## 创业可以走直线

在第一本书《创业必经的那些事》出版之后，我就已经开始为这本书打腹稿了。

从那时起，我就开始和世界各地的读者们进行热烈而又不太活跃的对话。之所以说“热烈”，是因为对于那些濒临崩溃的小企业家来说，我在《创业必经的那些事》中提出的论点对他们产生了很大的影响。

之所以说“不太活跃”，是因为尽管过去30年间我已经和数千名读者交流，但未曾与那些已经全部或部分读过我的书的企业家进行过面对面的交谈。这些人是：

那些阅读过《创业必经的那些事》，但从未联系过我并与我讨论书中的观点或其个人改变的读者们，或许也包括你；

那些从未想过要联系我的读者们，因为觉得我不会有兴趣和他们交谈，即使我试图联络他们的时候也不会作出回应；

那些曾读过这本书或是书的一部分后又重新投入创业过程中去的读者们，从未想过我写这本书实际上就是为了和他们进行交谈，而并非是和某个隔壁素不相识的神秘小企业家对话；

那些未曾意识到《创业必经的那些事》中的论点可以直接应用于他们自身的读者们；

那些浑然不知自己实际上就是莎拉（我在很多书中都提到了莎拉，并常常和莎拉进行对话。她拥有一家饼店，而这家饼店却把她折磨得死去活来）的读者们……

我非常希望了解我的数以百万计的读者是什么样的人，确切地说，我希望了解你在读这本书的时候是个什么样的人。我希望了解你头脑中的想法、你生活中所发生的事情和你的企业所发生的事情。我希望我们能直接对话。

这样，你手中的这本书的意义自然就会立即呈现在你的眼前。

这样，你就能够将书中的理论应用于实践。

这样，你就能够利用本书引发一场个人的革命，就如同我已经做到的那样。

我之所以有这样的希望，是因为你才是我写这本书的原因。我写这本书都是为了你。

为了所有的企业家。

为了所有的小企业家。

为了所有怀抱梦想的人。

我并不是为了某个理论上的你，被我称之为“读者”的你，而是为了这个真实的、正在阅读本书的你。读完之后，你可以放下这本书，随意处置。我的目的就是要和你沟通，而不是给你看一本书。

我写本书是为了那些成千上万同你一样的人，如果他们能够用心聆听我所传达的信息，并遵从书中所述的行事之道，他们的生活就会变得更加美好。

简而言之，我写本书是为了与你分享我的经验。

我写本书的目的是为了把我从千千万万和你一样的小企业家（我曾和世界各地的小企业家们有过合作）那里学到的东西全都和你分享。

我写本书的目的是为了让你不必浪费太多的时间，为了让你避免某些挫折和沮丧，为了让你不必经历白手起家成立一家小企业的某些不必要的苦痛（大多数小企业家都会经历这样的苦痛）。而且，一旦稍有差错，你所获得的结果就会与你遵从本书所指出的正确道路所能得到的、所应该得到的结果谬以千里。

但是，请允许我从一个作者的角度（至少是我自己的角度，我并不知道别的作者在想些什么、在关心些什么）来告诉你，你的生活、你的企业、你的思想、你的关切、你的挫折、你的成功与我在每日生活中的所写、所想、所为都息息相关。

我再说一遍，我写的书是关于你的，也是为你而写的，是为了让你取得非凡的成就。如果你能看到，你就会发现这些成就正在那里等着你。尽管这些成就看起来如此壮丽、如此广阔，如此遥不可及，但只要你能觉醒、只要你愿意去理解和接受，这些成就其实是触手可及的。

本书中，我将指导你如何构思并成功打造全球最成功的小企业。舍此之外，我别无他求。

## 创业十大法则

在我看来，要想创建全球最成功的小企业需要遵循如下10条法则。

法则一：如果构建合理，一家小企业的规模可以增长1万倍。

法则二：一家小企业的成长能力取决于其创建理念。

法则三：小企业的系统不在于大小，而在于有机高效。每一个部件都将影响到整个系统的成败。

法则四：经济危机与行业周期不可怕，小企业只要能够向其所有的顾客提供有意义的、高度差异化的结果，就可持续发展并安然长大。

法则五：一家小企业应当是一所学校。所有的员工都是学生，所有人都有意愿、有决心成长。

法则六：一家小企业必须要展示出它所赖以成长的崇高目标、它所想要实现的愿景和它所立志完成的使命。

法则七：一家小企业乃是企业创建者头脑中崇高目标的结晶。

法则八：一家小企业应当拥有自主的生命，即找到自身生存的定位。

法则九：企业的社会责任感与商业模式才是其真正的本金与利润的来源。

法则十：一家小企业创立一种标准，所有的小企业都将按照这个标准来衡量其成功与否。与其追逐标杆企业的标准，不如一开始就力争成为标杆企业。

## 创业神话议题

那么现在，你已经了解了你的企业赖以孕育、成长和扩大的十大法则。

这就是本书所有的内容。这是一本小书，也是一本非常基本的书。

说它“基本”，是因为这本书第一次提出了对于标准的理解，而如果你想要实现自己的创业目标并让这个世界因你而变，你的思想就必须随这些标准而变。

在每一课之中我都会针对一条法则作出解释，使这些法则令人信服、易于理解、方便读者据以采取行动，并可用来核实某家公司是否是真正的“全球最成功的小企业”。

那么如何核实呢？一个“全球最成功的小企业”会在所有的细节上都体现出这十大法则。因为这十大法则会生活在你的企业的中心，每个人都会看得见；因为这十大法则会向每一个在你的公司工作的人、购买你的公司产品和服务的人、在你的公司投资的人和在你的公司所服务的地区中兴旺发达起来的人大声地、清晰地发声。

这也就顺理成章地把我们引到了我前面所提到过的创业神话议题。有关创业神话的表述其实非常简单：

它指出，大多数的创业家其实都不是创业家，他们只是饱受创业冲动困扰的技术人员而已。

它指出，创业家立志打造自己的企业，而不仅仅是为自己的企业打工。创业家会创设一种完美的运营系统，而这个系统会成为他们的企业品牌。

它指出，伟大的公司出自伟大的想象，而伟大的想象可以在我们每一个人身上找到，只要我们允许自己这样想象，只要我们维持这种想象、培育及扶植这种想象、珍视这种想象，并把这种想象看成是上天赐予的最好礼物。

它指出，系统才是最佳的解决方案；如果你的企业没有一种高度差异化的运营方式，它就永远都不可能成为“全球最成功的小企业”。

它指出，你是你的企业的伟大构想及理念的产生来源，而伟大的构想是你的企业所能体验到的成功源泉。

它指出，你也能够完成我在本书中提到的事，不过要看你在多大程度上受到了驱动。

它还指出，如果你并没有受到驱动，你的企业就会受损，你的员工就会受损，你的生活就会受损。之所以会受损是因为它们没有达到应有的高度。而这并不是因为你不知道如何去做（我可以教你怎么做），而是因为你不愿或者不敢去做。

就把上述这几段文字当做你阅读本书的基础吧。

迈克尔·格伯

于加利福尼亚州

## 告诫 1

# 要创业，就创办不会“夭折”的企业



创业法则一

**如果构建合理，一家小企业的规模可以增长 1 万倍。**

### 孙陶然点评

大多数企业做不大是因为其创办人创业的目的是赚钱。如果你为了赚钱而创办一家企业，这家企业确实不可能长大。这时，赚钱是结果，一旦你把赚钱作为目标你就会不择手段，哪里有钱奔着哪里去。然而，如果你的立意不高远你就不可能走得远。

企业是一个为实现某个愿景而工作的组织。在达成愿景的路上，赚钱只是企业一步步前进收获的结果。那些伟大的企业无一例外都是不以赚钱为目标的。

## 光有“创业冲动”是远远不够的

微语录

#昆仑的仑#：百战百胜的诀窍是永远不要把自己逼到需要赌运气那一步，定战略时要看远一点，行动早一点，手后留一点。

我想，假如我以前写过的每本书都能以这个“法则一”开头的话，那么现在我们之间的对话可能会完全不同。读过我的书的人可能会更多，也可能会更少。这是因为，**大多数企业家在创业伊始就把自己的企业定位为“小企业”，而那些受到“小企业”这个观念束缚的人也从未能真正地把自己的企业做大做强。**

大多数的企业，不管经历了多少年，其规模依然非常小。

我们知道，70% 的公司和 100% 的家庭企业都属于独资经营企业，只有那么一两个人负责运营，仅此而已。这些企业家所能做到的仅仅是养家糊口，他们的企业对他们而言也无非就是一个工作而已。当然，这也是他们一直想要做的。

他们想要创造出一个就业机会，完全掌握个人的收入，创造出一个他们知道该怎么做事情的工作场所。或者是，他们想要做某件事（随便什么事），能让他们把自己的劳动和创意变成金钱。简单地说，他们想要自己当老板，白手创业。

毋庸讳言，诸如此类的商业行为根本就不能称为创业，一切与我们所说的创业的概念都大相径庭。他们的行为与园艺工人从事园艺活动、建筑工人从事建筑活动、临床医师医治病患、教士传经布道并没有什么不同。他们都是实干家，都在做着实用主义者该做的事。他们仅仅是他们自己本身，仅此而已。他们所做的事符合人们对他们的身份界定。

按照“创业神话”的术语来解读，他们实际上都是饱受“创业冲动”困扰的技术人员。他们得到了过多的关注：大量的时间都花在了他们的身上，教他们如何组织，如何开拓市场，如何销售，如何建立业务网络，如何记账，如何维持企业屹立不倒。他们被告知，所谓“自己创业白手起家”就是做他们热爱的事情。只要迈出了这一步，日后自然就会左右逢源、无往而不利。

不幸的是，这并不是真的，真相从来都不是如此。这也是很多企业最终一败涂地的原因——它们根本就不能被称之为企业。同时，失败原因也在于那些拥有企业、经营企业以及靠企业谋生的人并没有长久地热爱过他们的企业，甚至根本就不曾爱过。

其中的原因就在于这个企业没有什么值得他们去爱。如果说爱的话，那么他们也只是为了工作而爱工作，为了勉力维生而爱努力打拼。

或许你认为他们这样的理由非常充分。但我不这样认为，而且我也从来不曾这样认为。为了工作而工作最终将令人筋疲力尽。只有付出而没有收获，永远都是本末倒置。这哪里有什么魅力可言呢？

请注意，我的意思并不是说即使你有这样的能力也不应该去做自己喜欢的事情，我的意思是，你不应该按照这种理念来构建自己的企业。

更为重要的是，本书认为，**相对“为所爱为”而言，你更应该“爱你所为”**。也就是说，做好你的事情，并真诚地热爱它，只要你认为自己所做的事情是有意义的。前提是，你有充分的理由去做这件事情，或者是你做这件事情已经不仅仅是出于热爱，或者是因为你的顾客、你的员工或者你的企业所在的地区喜欢你做的这件事情，或者是你所做的事情非常精彩、非常值得去爱，又或者是你所做的事情不同凡响、美妙绝伦、能力不凡、才华横溢……嗯，我想你应该了解我的意思了。**爱你所做的事情，反过来它也会爱你。**而你的所有投入，包括时间、精力、金钱、想象力、汗水、动机等都可以称之为“因爱而承担的劳苦”。

### 思维墙一

在中国，我们受一些成功的企业家或者是一些成功学家的鼓舞，认为做自己所爱的事情就能够成功。有人说，连被奉为“中国创业教父”的马云也曾经说过这样一句著名的话：“因为太爱这件事情而去做，一定会成功”。这话还有什么不对吗?

其实，这是断章取义，马云完整的话是这样的：“对企业家最重要的是：非常喜欢自己做的这件事情，因为太爱这件事情而去做，不是因为别人一句话灵机一动就去做。企业家想做一件事就要把它做好，喜欢它，做梦也为它做的事情而奔波……”

### 拆墙法建议

你必须要做你自己喜欢的事情，但更要喜欢自己所做的事情。

很多人所谓的喜欢可能只是叶公好龙，因为他们只是接受浅层里对某事物的看法，甚至是因为在大环境下不能自由作为、备受压抑而极度渴望的那种畸形的喜欢，一旦被鼓励去做，就发现那根本不好玩，根本就不能坚持下去。如果你无法坚持，那么你就不是真的喜欢。

所以，在创业之前，一定要对你所喜欢的东西进行深度甄别，看看你是否真的喜欢，看看你是否能为了它而放弃所有外在的物质和名利，甚至目前的安定生活。因为创业就是一种冒险，只有深度喜欢，你对它的把握能力才会更强，你的成功率才会更大。

但是，我再重复一遍，想要这一切真实地发生（如你将在本书中了解到的那样，这些都将发生），你所创建的企业必须是有意义的。为了让它有意义，为了让它生机勃发，为了让它不仅仅只是一份工作而是具有更为重大的意义，你的企业必须具备成长所需的独特能力。这种独特的成长能力不仅能使你的企业变得更大，而且能够帮助你的企业取得让你无法想象的成就。

正因如此，我才把“增长1万倍”作为法则一。从你决定真正地想要创立属于自己的企业的那一刻起，你所作出的每一个决策都要遵从这一法则的指引。即使是现在，即使是在你已经创立了自己的企业之后，在你打开了这扇门，决意要像个疯子一样工作之后，不管是彼时还是此刻，我们都需要谈一件大事。

**孙陶然点评**

你的企业到底可以做多大？古语云，取法乎上仅得其中，只有确立远大的目标才可能达到伟大的高度。

## 单干或当老板并不等于创业

微语录

#昆仑的仑#：定战略的3个步骤：1. 自上而下：领军人物给出设想；2. 自下而上：班子就领军人物的设想分解、推演，然后提出各自条块的规划；3. 自上而下：领军人物综合考虑拍板战略，班子各自分工负责找到打法并组织实施领军人物确定的战略。

当然，如果我们仅仅只谈规模的话，这番对话就显得没有必要了。因为你很有可能会认为我的脑袋已经坏掉了。

假设你正在家里工作。现在，你的孩子们正满屋乱跑。你刚刚在厨房吃完早餐。你的妻子或者你的丈夫正在对孩子们说："嘘！爸爸（妈妈）在工作！"孩子毕竟是孩子，他们根本不听。他们当然不会听。如果你是个孩子，你会听吗？工作？工作是什么意思？工作就是爸爸妈妈不和你在一起的时候所做的事情。工作对于孩子们来说没有任何意义。你和你的另一半所做的那些工作是孩子们所无法理解的。开拖拉机、喂马、修剪树木、修补石墙、修理汽车等才是一个孩子所能理解的工作。这些活动与生活直接相关，而且能够赚钱糊口，这样的工作对孩子们而言才是有意义的，才是真实的。

但是，你所做的工作却并非如此。从一个孩子的角度来看，你的工作毫无意义。这是孩子们对你在日常生活中所做的事不感兴趣的原因之一。这也是为什么孩子们觉得大人们做的事没什么意义的原因。并且，这也是为什么他们会觉得你让他们做的事没什么意义的原因。

“维持生计？那是什么意思？”

“哎呀，小傻瓜，我们得赚钱啊。”

“哦。”

那么，也就是说，你的孩子开始琢磨：等我长到像爸爸妈妈一样大以后，我也会每天都要做没有任何意义的枯燥无比的事情——维持生计，然后像他们一样变老等死。

基于以上事实，本书着重讨论了如下几个内容，它们就是你阅读本书的理由：

探讨创造出某种有意义的事物的过程。这种意义不仅仅在于维持生计，不仅仅在于勉强过活，不仅仅在于自己当老板，也不仅仅在于你的孩子们是否能够理解。

创造某种更伟大的事物。某种更为壮观的事物。某种更为强大的事物。你一旦启动了想象力的车轮，就一定会有某种有意义的事情发生。

为你提供一些写家信时的谈资。

1万倍！想想看吧。如果你真的相信自己能够开设1万家店铺、1万间办公室、1万个商店、1万座果园（不管你一开始做的是什么，把它的数量增加到1万个）的话你会做些什么呢？

1万倍！我的天啊！那我们到底该从哪里入手呢？怎么开始呢？我们一起来看一下吧。

## 孙陶然点评

不要相信很多成功者给你讲的完美成功故事。从第一天起，他们似乎就完美地规划了企业发展的几个阶段以及每个阶段的打法，并最终按照计划瞄着打直至成功。

其实，这都是他们为了证明自己伟大而制造出来的传奇，实际情况绝非如此。两万五千里长征是走到半道才喊出“北上抗日”的口号的，红军是过了雪山草地看了缴获的报纸才确定要去陕北的。

所有成功的企业都是经历百转千回九死一生才走向成功的，你不可能在最初就制订一个完美的计划，更不可能完全按照这个计划走到底。但你必须在最初有高远的立意和远大的革命理想，这是你前进的动力和努力的方向，没有这个，不可能成功。

# 想清楚后再行动

微语录

#昆仑的仑#：创始人必须志存高远。你的境界不但是企业发展的天花板还会直接影响企业的文化和战略；创始人必须有必胜的信念，如果没有了信心再强的队伍也会垮掉。决定胜利的因素有很多，但如果不能比别人多坚持5分钟，胜利不会属于你。

凡事皆有个开始。我们正处于起步阶段。我们要开始创建一个有成长1万倍的潜力的企业。

我们之所以要这样做是因为如果我们失败了，那么我们的企业就不能称之为一个企业，因为它没有成长的能力。不相信？那请你看看你所接触过的那些企业吧。

看清隔壁的企业比看清自己的企业更容易一些。假设隔壁的企业是由约瑟夫一手创办的，他是一个汽车修理工。

> 他每天早上都来上班，他的气色看上去和昨天早晨差不多，和前天早晨相比也没什么差别。
>
> 约瑟夫穿着工作服。这是一套已经穿旧了的工作服，很有可能上面还残留着昨天或是前些天干活时沾上的油渍。
>
> 工作服的后背还可能写着“约瑟夫汽修”之类的字样。要不然写什么呢？毕竟这是约瑟夫的工作，而且是他已经做了很多年的工作……

约瑟夫修理汽车。年复一年，日复一日。

约瑟夫一直在修理汽车，不是在修别人的汽车就是在修自己的汽车。

就你所知，约瑟夫可能是一个不错的修理工。至少看起来是这样。当然，他也可能不是，但很可能你不会知道。空地上停着许多汽车，都在等着约瑟夫来修理。不过，约瑟夫似乎并不怎么在意。

汽修厂内不断有人来有人走，但根据你的判断，尽管顾客们看起来显得比较急切，约瑟夫却并不着急。尽管他们希望自己的车能够立马修好，约瑟夫还是不紧不慢的。在修理汽车方面，约瑟夫已经驾轻就熟了，没有什么情况是他所不曾见过的。总会有汽车抛锚，汽车也总会被修好。时间流逝，一切如旧。

实际上，如果“一切皆可预见”能够被视做幸运的话，约瑟夫应该算是比较幸运的。因为不管约瑟夫做什么或者不做什么，他的生意似乎都不会间断：一辆车，接着又是一辆车，这些车都在等着约瑟夫来修理。而约瑟夫所能做的、所需要做的，也就是修理汽车而已。

时光如梭，约瑟夫渐渐地变老。如果你能够从大处纵览约瑟夫的一生，如果你能从另外的一个角度来观察约瑟夫，看到他整个生命周期的故事，你就会发现某些现在你所无法了解的事情。

事实上从很久以前开始，约瑟夫就已经停止成长了。在很久以前，他就已经进入了睡眠状态。目前的约瑟夫不过是在无意识地重复着过去的动作而已。约瑟夫修理汽车，约瑟夫的故事就此落幕。

那么，这个故事中到底缺少了什么呢？“约瑟夫修理汽车”这个故事总让人觉得缺了一点什么。故事中所缺少的这一点“什么”比约瑟夫本身更重要，比工作本身更重要，比维持生计更重要，比一份工作更重要。

那是一种有生命的、令人激动的、让人兴奋的、充满挑战的东西。那是一种源自我们头脑的东西，而且不仅仅是大而已。

那就是“1 万倍”这一理念。

也就是你我目前正在探讨的理念。我们已经有了 1 万倍这个理念。对于我们将要创立的这家企业，我们要问的第一个问题就是：这家企业最终建成之后将会是什么样子？这是我们所能够提出的针对这家企业的最为紧要的问题。在我们挽起袖子准备开始的时候，我们就已经在想象中看到了这家企业建成时的样子：灿烂辉煌令人神往，就如同一件艺术品、一幅杰出的画作，如同一个设计得极为有效的、壮观的系统，我们知道这家企业有成长 1 万倍的潜力……足以彰显规模的重要意义。

**思维墙二**

不敢想。这些人通常会有这样的想法：

“我恐怕不行吧，有那么多有实力的人、资金充足的人、人脉广泛的人做企业都没有成功，我还是踏踏实实赚点小钱得了……”

**拆墙法建议**

**1. 先要想想你到底想要什么**。当然，这是一个很大的命题，很多人面对这样的问题不知所措。为了回答这个问题，建议你参看思维墙之三的拆墙法。

**2. 建立自信**。软银总裁孙正义说他的成功就是源于“一个梦想和毫无根据的自信”。一切都是从这儿开始的。没有自信，一切都没有。

这两个方法有点老套，其实还有一个最简单的方法，那就是让自己当一个不谙世事的孩子。为什么要这样呢？因为孩子敢于异想天开。有人说这是做企业，不是做作文，其实这里的敢想只与勇气有关，至于能想，我们后面会详细说明。所以，不用担心。

### 孙陶然点评

要自信。自信甚至自负是成功者必不可少的素质，所以我一直鼓励自己的孩子自信甚至自负。自信也许未必能成功，但不自信一点成功机会都没有。成功者都是自信的人，他们骨子里有着一种与生俱来的优越感，认为自己是“不一样的人”，是“上天的选民”，从来不认为什么是不可能的。

在他们看来，别人能做到的他们也能做到；别人做不到的他们还是能做到。他们从不相信自己会失败，从不认输从不臣服。

## 找到并复制你的创业 DNA

微语录

**#昆仑的仑#**：创业是件很难的事，不是所有人都适合创业。创业是一场持久战，会深深地影响你和你最亲近的人的生活，请想清楚再出发。

没错，在创业伊始一定要问这个问题："如何才能让企业比原来成长 1 万倍？"

我要怎么做才能使得企业的各项活动都能一次又一次完美地复制，一直复制 1 万次？

我要怎么做才能使我的企业所得到的每一项结果都能够适用于其他 1 万个人？

朋友，你是否已经了解了这些问题的重要意义了呢？

通过提出这些问题，你已经不仅仅是一个实干家了。通过提出这些问题，你已经成为了一个发明家。

**思维墙三**

不能想。迈克尔为什么用了这样一个词汇"发明家"？因为很多人已经形成了定势思维，脑子里只有现存的东西，而没有新的信息，没有新的思维模式，没有新的发展方向，就连反省也显得有气无力。

这样的人对创业毫无概念，脑子里只有养家糊口或者是开公司赚钱，即使机缘巧合能赚到一大笔钱，不久就会遭遇瓶颈。为什么呢？很简单，试想，你在盖房子，却不知道要盖多高、多宽，需要几个窗户、几个门，你甚至不知道房顶该是平的还是三角架构，只随着性子来，走到哪算哪，那这房子最终很可能就是“四不像”。最要命的，可能还不牢固，没等你盖完就塌了，让你白费工夫。

## 拆墙法建议

按照迈克尔说的，想想你的企业现在在做什么，你做这个企业到底要达成一个什么样的梦想，你希望你的企业将来能完成什么样的事情。你得“发明”一个企业，这个企业是世界上没有的，这个企业将带给世界很大的改变，就像爱迪生发明电灯一样。如果你还是没有明白，那就看看下面这个故事：

马云对互联网有很多贡献，其中最重要的就是全球首创的B2B思想。在互联网的冬天，马云依然坚持这种思想，并不断实施着一个战略行动。他不停地往返于世界的每一个角落，参加了几乎全球各地尤其是经济发达国家的所有商业论坛，去发表演讲。那段时间，他用行动给自己冠上了“疯子”的代号。他马不停蹄，走遍世界，宣传阿里巴巴，宣传他的B2B思想。这个普通的大学英语老师站在麻省理工学院、沃顿商学院、哈佛大学讲台上没有胆怯，站在“世界经济论坛”上没有迷茫。这个瘦弱的男人大声地对台下的听众喊道：“B2B模式最终将改变全球几千万商人的生意方式，从而改变全球几十亿人的生活！”

你想过马云为什么能成功吗？因为他“发明”了他的企业，他对自己要什么非常清楚，他对企业的最初构想已经到了10年之后，甚至更远。为什么面对世界上的商业精英他毫无怯意，不是因为他勇敢，而是因为他有想法。这个明确而深远的对于企业的想法，就是自信的来源，就是成功的依据，就是你的万能公式。

如果你能身体力行地探究这些问题，那么你就已经唤醒了自己内心深处的那个名副其实的企业家了。

现在，你就是亨利·福特，你就是山姆·沃尔顿，你就是迈克尔·戴尔，你就是雷·克洛克，你就是玫琳凯，你就是安妮塔·罗迪克。

接下来是你我之间的对话。

我们先以工作为立足点开始吧。

**孙陶然点评**

要敢于创新，在坚守道德底线前提下敢于突破一切规则。俗话说“不敢越雷池一步”，实际上很多雷池并不存在，也没人规定你不可逾越，是你在大脑中给自己设定了“不可越雷池一步”的框框。很多人因为不敢违规而放弃了创新，这是非常错误的。

所谓“创新”就是违规，不违规如何创新？我们做事的目的不是不违规而是达成目标。如果虽然违规，但能够更好地达成目标，同时又不违背基本的道德底线和核心规则，为什么不去做？做了之后再推动规则改变就是了。

## 修理工如何蜕变为创业家?

微语录

**#昆仑的仑#**：不要把创业想得多么高深莫测，创业只是一种生活方式而已。如果你有梦想，如果你天生为创业而生，那就开始行动吧！开始你的浪漫寻梦之旅，去发现用户需求，去解决用户需求，调动你的全部热情和资源打开突破点，去体会创业过程中的酸甜苦辣吧！

约瑟夫看到，未来他将拥有1万家汽修厂。他暗想："凭什么我就做不到呢？到底是什么阻碍了我'创建1万家以约瑟夫命名的汽修厂'的愿景呢？为什么我就不能成为亨利·福特呢？"

于是他从一开始做起，就像我们前面所讨论过的那样。为了达成增长1万倍的目标，他首先要设计出一套自己独有的汽车修理方法。他不能只是简单地修理汽车，他需要严格地选择想要修理哪些汽车。这样一来，他就限制了自己所面临的选择数量。而一旦限制了选择的数量之后，他就更能够集中精力。因此，约瑟夫问自己："我想要的汽修到底应该是什么样的呢？汽修行业中最重大的机会是什么？我对汽修行业了解多少呢？汽修行业的趋势是什么？人们最常遇到的故障是什么？研究报告对于汽修行业的机遇是怎么评估的？"

突然间，约瑟夫灵光一闪。他问自己："绿色汽修如何？绿色汽修看起来是什么样子的？约瑟夫的绿色汽修何以与别人区分开来？"

然后，按照自己的灵感，约瑟夫开始了对"绿色"一词的研究：汽车生态学、绿色服务生态学、人们所使用的语言、人们所感受到的愤懑……任何能够引发人们绿色和生态友好的联想的工序，而非简单的“汽修”这两个字。

总之，约瑟夫开始像一个企业家一样思考，头脑中开始设想着规模，设想着一个辉煌的成果，设想着向未来迈出重要的一步。他开始思考其他所有的事情，而不仅仅是修理汽车。这时他已经不再是一个修理工了，他已经成为了一名企业家。

然后，这位名为约瑟夫的企业家的头脑中出现了通用汽车公司、福特汽车公司和克莱斯勒汽车公司等名字，这些公司都正在撤销代理商并关闭服务中心。“这里一定会有什么机会。”新晋为企业家的约瑟夫暗想。

“其他的那些汽车公司情况又是如何呢？”约瑟夫想，“关于这个我要好好想一想，这是件有意思的事。那些丢了工作的人们情况怎样呢？汽车修理的成本有什么变化呢？”

### 思维墙四

“我这脑子，没有什么出息，如何能承载一个完整的企业构想呢？我想不下去。”很多人这样认为。为什么想不下去？还是老问题：信息闭塞、思想僵化、激情退却。

### 拆墙法建议

**1. 关于企业的构想都该想什么？**把迈克尔这句话换成一个公式就是：我想要的企业（汽修）到底应该是什么样的呢？我的企业所在的（汽修）行业中最重大的机会是什么？我对我的企业所在的（汽修）行业了解多少呢？我的企业所在的（汽修）行业的趋势是什么？人们最常遇到的故障是什么？研究报告对于我的企业所在的（汽修）行业的机遇是怎么评估的？

**2. 打开缺口后，利用信息进行深入思考。**迈克尔让约瑟夫想到了“绿色汽修”，这对于约瑟夫来说是一个陌生的词汇，如果要继续思考，就必须对它详细地了解。于是，汽车生态学、绿色服务生态学、人们所使用的语言、人们所感受到的愤懑……这些信息随之而进入约瑟夫那个原来只想着赚钱糊口的大脑，这在以前的他，是不可想象的。

**3. 行业里的大公司的动向分析。**约瑟夫后来还想到了通用汽车公司、福特汽车公司和克莱斯勒汽车公司等名字，当然，他想的可不仅仅是名字，他注意到这些公司都正在撤销代理商并关闭服务中心。于是他更深一层的思考开始了：为什么？这里是机会还是陷阱？我要做他们的修补者还是别的什么？

好了，现在，至少有那么一个小点，你的企业的蓝图已经清晰地在你的眼前了，你知道你要往哪个方向上走了。Let's go！看看前方有多少财富在等着我们去捡拾。

约瑟夫越想越感到兴奋，他好久都没有这么兴奋过了。“如今形势纷繁复杂，一定有很多机遇等待着我来发掘。”约瑟夫想，“1万倍，我要找到一个能增长1万倍的机会。”

你能感受到新约瑟夫和原来的约瑟夫的思维方式有什么不同吗？你能感受到在有了这个1万倍的理念以后自己的想法有什么重大的不同吗？你是否发觉你现在所提出的问题更加具有启发性，不像以前那么平淡无奇了？你是否发觉这些问题使得你跳出旧的思想窠臼并带你去到以前从未到过的地方？你是否已经发觉原来的约瑟夫不过是无意识地、机械地上班干活而已，而这些与你应该做的恰好背道而驰？你是否已经明白机械地上班干活（数以百万计的企业家们在新创公司的时候一直都是这样做的）正是大多数小企业无法做大做强甚至直到灰飞烟灭时依然是一家小企业的原因？

然而我们永远都会有另外一种选择。我在本书中所强调的，正是这“另一种选择”。想想吧，1 万倍。再想想。永远不要忘记。因为在这 1 万倍的魔法里隐藏着增长的秘密。而增长的秘密就是你所需要的钥匙。

### 思维墙五

很多人看到这里可能就要去盲目创业，他们会想：我年轻，我能做得很好，也能把企业做到很大，我今年创业，明年收入 100 万，后年就上市。每个人都希望快点赢，就怕时间不够。

千万不要误解，迈克尔的意思可不是像励志书上说的那样：你的心有多大，你的舞台就有多大。对于创业来说，励志的语言根本就不管用，还需要真正能活下去的能力，因为只有活着才能给企业长大的空间。别忘了，迈克尔这本书是写给小企业家的，这必然要使你在开头的时候从小处着手。为了方便你理解这点，我们可以看看国内企业家典型的心态：

潘琨是《赢在中国》第一赛季 36 强 12 号选手，他的自信和领导力成了当天节目的看点。他信誓旦旦地说：我要做中国的孙正义。连马云、史玉柱、熊晓鸽都不得不佩服他的这种超乎寻常的自信。但是在到底如何完成他的宏伟目标时，他的回答却显得力不从心。

马云问：“你给我解释一下，你怎么做得到 100 亿？”潘琨回答说：“我解释一下 100 亿的算法，要有 10 万个软件产品同时销售，销售量要达到一定的额度，这需要采用独特的经济模式，通过发掘软件经纪人的力量，把软件销售和个人收入直接挂钩。那么，遍布全国的1万个软件经纪人可以发掘到1万个产品，第一步发掘产品，第二步形成销售，第三步形成自己的品牌，最终吸引全国9 000万计算机用户来购买软件。”

听完潘琨的解释，马云认为这个目标虽然很好，但实现起来很困难，至少庞大的销售队伍就很难管理，而潘琨认为一切都很简单，如果让“蚂蚁穿过桌子的缝，要有蜂蜜就行”。

虽然题目回答得看似圆满，但实际漏洞很多，吴鹰认为他自信得有些狂妄了。而马云则干脆说他的目标看似美好，实则空洞。他说：“要有个性，个性不是喊口号，不是成功学，而是别人失败的经验。我觉得，如果你从一点一滴开始做起，制订2 000万、8 000万、1个亿发展规划，很多人愿意投你的钱，我也会投你的钱。我觉得企业家很重要的一点，不是你的公司在哪里，有时候你的心在哪里，你的眼光在哪里更为重要。”

迈克尔提出的“更大的事物、某种更为壮观的事物”可不是空洞的口号，而是有最基础的规划作为支撑。

### 拆墙法建议

做企业，不敢想做大，那你做大的几率几乎为零。你要敢想！拿破仑不是曾经说过吗：不想当元帅的士兵绝对不是好士兵。

这个宏伟的蓝图一定要立足实际。因为当不好士兵的元帅肯定也当不好元帅。

总结为一句话：种树，要选择一个最优良的栋梁种子，选择一片开阔地段。创业，一定要选择好企业的经营产品和经营模式，还要给自己的企业留出成长的空间。

## 创业前先做市场调查

### 1. 市场调查的内容

市场调查就是收集有关资料和数据，然后进行综合研究和分析，为预测市场情况提供可靠的依据。在根据自己对某个行业的喜爱程度和熟悉程度初步确定了创业项目之后，即使资金筹齐了，也不能急着去办理工商税务登记等事宜。要有目的、有计划地做好市场调查，即研究那些创业者能够控制的可变因素。把所有可能影响创业的因素都写下来。例如：

(1) 准备满足哪些顾客的需要？把准备提供的产品或服务列一张清单，并记录顾客需要的产品或种类。同时要搞清楚：这些顾客是男人、妇女还是儿童？其他企业有可能成为自己潜在的竞争对手吗？

(2) 顾客需要什么产品或服务？对他们而言，每个产品的哪方面最重要？尺寸？颜色？质量？价格？

(3) 顾客愿意为每个产品或每项服务付多少钱？

(4) 顾客在哪里？他们一般在什么地方和什么时间购物？

(5) 他们多长时间购物一次，每年、每月还是每天？

(6) 他们购买的方式怎样？数量有多少？

(7) 顾客数量在增加吗？能保持稳定吗？

(8) 为什么顾客购买某种特定的产品或服务？

(9) 他们是否在寻找有特色的产品或服务?

(10) 他们的购买力和购买欲望如何?

(11) 什么地方最适宜公司经营?

(12) 经营至少需要多少流动资金?

(13) 最佳供应商在哪里?

(14) 未来公司所在行业的竞争激烈吗? 有哪些潜在的竞争对手? 这些企业的经营状况如何?

(15) 除了按政策申请营业执照(或其他的经营许可)之外,还有哪些先行的手续要办?

把所有问题都列出来,做成清单,通过调查研究逐个予以解决。可靠的调研将使创业决策更符合市场需要。开业之前的前期筹备工作是非常艰难的,创业者对此必须作好充分的思想准备。

### 2. 市场调查的方法

创业者如果已经列出了一张要调查研究的清单,并不表示包括了待调查研究的全部问题。因为你不可能在事前把不确定因素都考虑周全,而在对清单的条目进行调研的时候也将会发现新问题,这些新问题就是对已列清单上问题的补充。下面介绍几种调查方法。

(1) 注意大众传播媒介中的信息,把与自己的创业项目有关的内容记录下来留存备用。

(2) 信息推测。如果自己对一个行业很了解,就可以凭自己的经验进行预测。

(3) 查阅有关的政府统计资料,咨询有关法律、法规与政策。

(4) 利用行业渠道获得信息。通常可以通过行业人士获得有关市场规模的有用信息。了解某一产品的市场份额以及顾客的需求和意见并不难，可以与产品的主要批发商交流，阅读企业手册、商业报刊等。

(5) 抽样访问自己选定的那部分顾客。与尽可能多的顾客交流，看看到底有多少人需要你的产品或服务。

(6) 考察待创业项目在目标市场中的地位（市场需求情况、处于生命周期的哪个阶段、竞争激烈的程度等），考察类似企业的经营情况等。在解开心中的全部疑团之前，决不能停止调查研究工作。另外，在调研中发现的新问题也都要搞清楚。

### 3. 调查结果的分析及结论

只有调研之后，才能得出结论。请注意，下结论前不能对开业后的经营业绩估计过高，对可能出现的困难要充分估计。只有这样，由于有了充足的准备，在创业过程中遭遇挫折时，才能制订出更好的应对措施以渡过难关。

例如，如果对顾客流量的统计数据为每天 100 ～ 150 人，那么你就取下限每天 100 人。另外，还要把办证、取得社区支持等事项都设想得更困难一些。

## 告诫 2

# 敢想，你的企业才能成长

The Most Successful Small Business in the World

创业法则二

**一家小企业的成长能力取决于创建理念。**

## 孙陶然点评

像大企业家那样思考。拉卡拉的核心价值观“进取”之中要求“向上思考向下执行”，即要像自己的上级一样思考和决策，要像自己的下级一样去思考如何行动。如果你想成为老大，就必须先像老大一样思考和行动。如果你想等到成为老大之后再这样做，那么永远都不可能成为老大。

虽然像大企业家那样思考是对的，但如果也像大企业家那样行动就大错特错了，你必须像比你还小的企业家那样行动。创业最忌讳的是小公司大做，如果一个刚刚起步的公司就开始考虑规范制度，建立组织体系，设立副总设立各个部门讲究流程授权，这一定离死不远了。小企业最需要的不是规范的管理而是找方向，小企业需要的不是制订完善的战略而是找到一个突破点并借此打开局面。

## 替顾客省钱而不只是从他们腰包里掏钱

微语录

# 昆仑的仑 #：越体会越发现，投资就是投人，把人放到多重的因素去评估都不为过；越体会越发现，成败的关键就是战略，把战略放到多高的高度都不为过。

如果回想“原来的”约瑟夫所处的困局，你会有什么发现？

最重要的发现是：那时的他是以一个修理工的思维方式进行思考。他想的无非是工作、收入，还有这两者之间的关联；他所想的是家庭、孩子，以及努力养家糊口的自己；他总是生活在过去而不是未来。当然，也可以说他的过去已经折射出了他的未来。除此之外，他对未来一无所知。

同时，他的观念也被他“修理工约瑟夫”的经验所束缚。那时，他是习惯了为薪水而工作的约瑟夫、习惯了养家糊口的约瑟夫、习惯了丈夫约瑟夫还有父亲约瑟夫。

因而，在他白手起家（所有人都认为这就等于有了自己的企业）的时候，他的想法仅仅是有了一份新的工作。他的这种观念其实是他过去的工作和旧有思维方式的反映——他是一个挣工资的人，而这工资是他通过做自己会做的事赚来的。

创立自己的企业之后，他开始给自己发工资，而不再是某个雇主给他发工资了。除此之外，并没有什么太大的变化。他仍旧努力工作，只不过他现在必须得多做一些“其他工作”，一些一定要做的、平淡的工作。

然而现在奇迹接连发生了。约瑟夫开始设想“1万倍”了！于是，新的想法在约瑟夫的头脑中形成了。新想法最初的关键词只有一个，就是“绿色”，仅此而已。虽然我们不知道这个观念是怎么凭空出现的，但它确实是出现了。如同他的头脑一样，他的这个想法受到了另外一个名为“1万倍”的想法的激发。然而，“绿色”只不过是第一个映入他脑海的想法而已。

映入他脑海的第二个想法是有关通用、福特汽车和克莱斯勒汽车公司的想法，映入他脑海的同时还有“这些汽车公司都在撤销代理商、裁员”这个令人不安的事实，这意味着他们同时还会关闭大量的服务中心。

而这也意味着将会有大量员工失业。而且不仅是通用汽车、福特汽车和克莱斯勒汽车等公司的工人失业，所有其他主营业务受到金融风暴影响的大企业也会大量裁员，比如华尔街、银行、金融服务公司和保险公司等。这些如此精明的家伙怎么会沦落到这步田地？

现在，这个新版约瑟夫（他已经不是我们所认识的那个旧版约瑟夫了）似乎是第一次以全新的眼光环顾四周，思考自己所处的环境、形势和经济状况。在此之前，约瑟夫的头脑里几乎从来没有一丝有关经济的想法，如果说有，也只是和收入、工作、职责相关的一些经济观念。

约瑟夫甚至开始思考自己的家庭。另外，约瑟夫并不是一个有政治头脑的人。即使他会去投票，但这并不影响他对事物的看法。但现在他已经在考虑自己的国家了。他开始思考一般意义上的生活。他现在所思考的都是以前未曾想到的，有时他偶尔也会有些抱怨。不过这不是人之常情吗？

### 思维墙六

对于大多数小企业家来说，他们或者不关心政治、经济形势，或者只关心那些与自己息息相关的政治经济问题，而对整个大环境的形势、变化则完全不感冒，仿佛那是政治经济学家的事。而他们，只要管好自己的小企业，能够养家糊口就行了。

### 拆墙法建议

关注政府的喉舌发出的各种经济、政治方面要变化的声音，然后思考未来。

就“环境保护”来说，这将是一个全球性的政治、经济活动，因为这个活动是以未来为导向，必将永远持续下去，那些所有与“环境保护”有关的经济活动必然会得到鼓励和发展。

迈克尔提到约瑟夫想到了“绿色环保”修车的理念，正是看到了它是未来永远不变的发展趋势。

其实关于这样的主题绝对不会少，就看你是否能去关注信息，然后进行整合、分析。

关注那些乐于在政治、经济方面发出声音的各类时评家、各类大家，然后思考未来。

关注国外政治、经济学家对某种政治行为、经济变化的分析和预测，然后得出自己的看法。记住：抓住这些人所提供的对你有用的信息和思维的方式，然后得出自己的结论，因为只有你才知道你要什么。

关注大企业的政策变化和经济状况，然后思考自己的小企业的未来。

这些大的环境可能一时对你没有什么影响，但是如果你经常关注这方面的信息，那么你就会有两种改变：第一，思维方式变得更宏观；第二，你不会因大环境的突然变化而措手不及，就像2008年那场席卷全球的金融危机让很多企业（其中还包括一些国际大企业）破产停业。

当然是！约瑟夫会这样回答你。

过去，他一直是个循规蹈矩的人，但现在的他已经今非昔比了！“1万倍”这个想法简直太神奇了！

“这个想法到底是从哪里来的？”约瑟夫忍不住揣想。

并且现在……除了第一个想法、第二个想法和第三个想法……除了他脑中出现的令人惊叹的空间之外，似乎有一个独立的空间开始出现，而原因约瑟夫无法言传。除此之外，新的思想开始以排山倒海之势不断地涌入约瑟夫那急切而又饥饿的脑海中，似乎要填满那个空间似的。然而令约瑟夫大为惊诧的是，这个空间不仅没有被填满——恰恰相反，这个空间仿佛永远都填不满。

接下来约瑟夫想到的就是干点汽修之外的事。那些受这场经济危机影响而收入和生计荡然无存的人们情况如何？他们会怎么处理自己的汽车？在收费日益高涨的今天（这一点他再清楚不过了），他们何以付得起钱来修理或保养自己的车呢？毕竟他要向这些人收取费用。

我的天啊，约瑟夫平生第一次开始这样想，一个修理工1小时收费竟高达100美元！对几年前那个受雇于人的旧版约瑟夫来说，这简直是无法想象的。当年由老板给他发工资的时候他从未考虑这一点——老板给他发多钱他就拿多少，而且他拿的钱永远都嫌太少，这也是为什么他决定单干的原因。他知道自己不止值这么点钱，他想自己值多少钱就要赚多少钱，至少他可以让市场决定自己的价值。至于顾客，谁管得了那么多呢？没办法——人在江湖，身不由己啊。

如果你自己1小时发100美元工资的话（一个修理工而已，天啊），那你在给别人干活的时候就不会接受低于这个数额的工资，否则不是脑袋有病吗？

“看看医生们都赚多少钱吧，”旧版约瑟夫想，“还有那些电工。”他仍然记得有一次他不得不请一个电工修理家里的电路开关的情形，因为他自己不会修理。

“这里会有什么机会？”新版约瑟夫这样问自己。这时他已经从另外一面来观察这个世界了。突然间他意识到，人们所承受的痛苦传达了某种信息,而他需要仔细揣摩这一信息。眼下发生的每一件不幸的事，对他的创业选择而言都蕴含着某种信息。此时，他脑海中又冒出了另外一个想法。

是否能创立一家专门教人们修理自己汽车的企业？如果能教会人们自己修理汽车的话，那他们的修车成本会比请人修车（比如请约瑟夫这样的修理工）低得多，这个想法如何？这样做结果会如何呢？那到底怎么才能做到呢？

### 思维墙七

很多人创业，只不过是觉得：做员工嫌自己的薪水少，创业只是为了证明自己更值钱，却从来没有考虑到顾客这件事。

我们的境界似乎永远是钱，说得再好听点，也不过是自己的价值。可是这与企业有什么关系呢？你真正为企业考虑了吗？或许你会说，你的价值就是你的企业的价值。千万不要这样说，如果你的企业不能独立于你之外，那么你的企业在创建之初就已经具备了胎死腹中的倾向。因为只有你的企业独立，你才会愿意为你的企业去改变自己。

为什么大企业家常常把做人看做第一位的？因为他们把企业独立于自身之外，他们用自己的企业来衡量自己的品质，两个互相监督、互相促进。但是另一些人则是用自己衡量企业的品质，企业的一切都打上了自己的烙印，企业的一切行为都是以自己的利益为出发点，企业品质和自身品质互相迎合，没有新的元素注入，结果路越走越窄。

这在中国是一个非常普遍的现象。在世界市场这个大舞台上，不诚信几乎成了中国商人的一个标志，让人感觉到悲哀。归根结底，造成这种现象的原因都是由于中国商人的思维太过狭隘，太过功利。当然，这不是一种指责，只是希望能让你看到更广阔的未来。相信你希望走那一条通向更远的未来的路，而不会只为一点小利就去走死胡同！

### 拆墙法建议

要想高瞻远瞩，就要首先考虑你到底能为别人提供什么帮助，你的企业到底能为别人提供什么帮助。

目前，我们接受各种厚黑学理论，学习各样心计，还有一些“教你诈”的人利用我们急功近利的心理，让我们更趋于功利，目光也更加短浅。而一个企业要想在创建之初就具备做大的能力，首先必须要考虑别人，我们现在管那叫顾客，但是顾客这个词还是会有一些功利性，因为他是顾客就意味着他是能给你带来利润的人。也就是说，按照现在一些小企业家惯常的思维，会先考虑顾客给自己带来什么利润，然后才会考虑自己能给顾客提供什么帮助，而不是考虑自己和自己的企业能给别人提供什么样的帮助，因为自己提供了帮助而给自己带来多少利润。这种思维非常可怕，直接导致了你的企业走不远、长不大。

有什么不一样吗？看看新版约瑟夫吧，他站在那些修车人的角度看到：一个修理工一小时收费竟然高达100美元！因为这个想法刺激他，使他想到了为修车人而开设的企业的服务项目——办一所修理学校。这种创业理念远远要比简单修理汽车让约瑟夫走得更远，因为他能真正改变别人的生活。

而旧版约瑟夫呢？他站在自己的角度，看到自己养家糊口需要的钱，看到同行业人赚到了更多的钱，看到了老板赚到了更多的钱。所以，他才会永远嫌钱少，所以，他的境界才永远是一个为钱而活着的人。

在大企业家中流传着这样一句话：真正想赚钱的人，一定要把钱看淡。如果你能理解这句话，那么你就能理解迈克尔的意思了。高尚不是一种心灵装饰品，而是你的生命必需品。

约瑟夫接下来开始琢磨：怎样才能让那些原本对汽修一窍不通的人学会修理汽车？

“怎么做才能实现这个想法？”他想，“现在的汽车可是越来越复杂了。”

“这不可能。”他想。

但是……要是真能做到又会如何？这个念头紧跟着“不可能”跳到他的眼前。如果他非要去做，将如何开展？

## 孙陶然点评

凡事只能靠自己。对于创业者而言，企业的每一个问题确实都是你的问题，你必须让自己对企业的方方面面都“略懂”，不论是技术还是生产或者是营销、管理甚至是社会关系等，总之是三教九流无所不包。

你自己解决不了的问题下属给不了你惊喜；你自己不知道答案的问题不可以授权。所有的人都可以找你认输求援撂挑子，只有你退无可退；所有的事情你都得一个人扛，不但要应对祸不单行还必须一直保持微笑面对下属客户甚至家人。一句话，企业遇到的每一个困难你都必须顶住，企业遇到的每一个问题你都必须解决。

# 创业不是就业

微语录

**#昆仑的仑#**：创业方向的选择非常重要，尽可能选择用户的硬需求及大众需求来创业。选择对了事半功倍，选择错了事倍功半。

如果你认为你的企业对你而言只是一项赚取一点收入的工作，那你的企业将跟你一样无所适从。

它会承受很大的压力，神经时刻绷紧。

它会每况愈下、疲惫不堪、愤世嫉俗。

在你面对顾客恶言恶语的时候，它也成为受害者，因而它对任何顾客都不可能表现得殷勤备至。

接下来的场景就是：你会到处讲这个世界多么的不公平，大企业多么的荒唐可笑，好人们（比如你）如何生不逢时，这个世界多么让人意志消沉。

如果你认为你的企业对你而言无非是一项赖以维持生计的工作，那么最终你的企业也只能是一项赖以维持生计的工作而已。而且，你的企业也只会一直处于这种状态。直到最后，你的企业也不会真正地创造出你认为自己应得的那种生活。你的企业会变老，变得疲惫不堪精疲力竭，再也不像最初刚开业时那样的不染纤尘了。刚开业时你是那么的乐观、那么的兴奋、那么的独立、那么的年轻，而最后这一切都将成为破旧的、褪色的记忆。

改变这种想法！现在就改！如果你想要改变自己的企业的话，就要先改变关于企业的观念，否则就请闭上嘴巴，永远不要抱怨。

### 孙陶然点评

领导者对于公司的投入不在于每天在办公室工作到几点，而在于每天 24 小时大脑里都在思考与公司有关的事，见到任何事情都能和公司、产品扯上关系。拿破仑曾经说过，如果说我对任何一件事情都胸有成竹的话，那是因为平时在我脑海里已经把这些事情想过千万遍了。

作为一个领军人物，他的大脑必须 24 小时高速运转的，必须反复在脑海里推演公司的方方面面下一步会怎么样，政策会变化么？如果变化了会是什么？公司该如何应对？公司目前哪个方面存在隐患？如果是会是什么？如果出现了如何应对？现在需要作哪些准备？如果万一应对不了最坏的结果会是什么？如果出现了这种最坏的结果该怎么应对？现在能够为这些应对作哪些储备？下一步的工作重点是什么等。

# 随时捕捉每一个好想法

微语录

**#昆仑的仑#**：领导说，任何一个组织核心都是3件事：1.是什么？2.做什么？3.怎么做？

约瑟夫非常兴奋。这种“1万倍”的想法改变了他所看到的图景。他对妻子说了此事。他还在便签上对想法进行记录。他发现自己开始跟自己讨论此事，而且总是在意外的时间里：洗澡的时候、上床睡觉的时候、躺在车底下修车的时候。

一旦头脑中出现了想法，不管当时在做什么他都会中途停下来把想法记在纸上。要是忘记了带纸笔的话，他会立刻用心记下。不过有些时候这些想法事后却怎么也回想不起来，这时他就会气急败坏，因为他知道这些突然降临的想法是非常可贵的。

“一定要记住：不管走到哪里都要带上纸和笔，无论如何都要记住。”新版约瑟夫这样训诫自己。于是，他会随身带一个不太大的笔记本随时记录自己的想法。

他下了很大的决心。他对自己承诺说一定不能忘记，不过有一次他还是忘记了。他无论如何也记不清是怎么忘记的了，但他确实忘了。于是他就对自己提出抗议，旧版约瑟夫和新版约瑟夫就会展开一番对话，并且认识到为了避免忘记一些非常重要的想法，就坚决不能忘记这件事：不管走到哪里，都要带上纸和笔。“你必须要记住，” 新版约瑟夫对旧版约瑟夫大声说，“必须地！”

而旧版约瑟夫对新版约瑟夫的话总是心不在焉，一只耳朵进一只耳朵出。他能听到新版约瑟夫是在和他讲话，但他搞不清说的到底都是些什么。二者之间的角力就这样日夜不停地持续着。

### 思维墙八

很多人认为所谓“创业理念”，就是定一个赚钱的基调，说得好听点，就是定一个企业发展的基调。创业理念很简单，就是一句话，一句标语。这显然把创业理念当成了与企业无关的东西，这种想法使得创业理念失去了对企业的指导作用。

### 拆墙法建议

创业理念应该是这样的：虽然简单，但简单的理念里面包含很多方面的信息，它应该是你通过不断地接收新信息，通过不断地思考，通过不断地修正，最终提炼而成的。

为了得到这个创业理念，迈克尔告诉我们，要随时携带笔和纸，记录你的想法。记住：一旦你的思维打开，你的好想法会滚滚而来，而那给你带来的也将是财源滚滚。哈，那感觉太美妙了。

## 孙陶然点评

领军人物对企业的核心责任是让企业保持在正确的航向上，并未雨绸缪为未来可能的危险作准备，这些都需要领军人物站得高、看得远。所以，领军人物对新事物和行业趋势的认知非常重要。尤其是现代社会，很多新技术层出不穷，且对很多行业的影响甚至是颠覆式的，而且几乎没有任何一个行业可以置身度外。

移动互联网和社交媒体的兴起，让人和人的沟通方式信息传播的方式发生了革命性的改变，而这也就意味着人的生活方式发生了根本性的改变。这时候企业若不能与时俱进，改变自己的产品，改变自己的营销方式甚至组织结构，就会一夜之间从行业老大到濒临破产，雅虎、摩托罗拉、诺基亚都是活生生的反面教材。

## “不安分”，是创业路上的助推器

微语录

#昆仑的仑#：没有一个企业可以一帆风顺走到底，所以领导者须有预见力，能否预见未来是领导者的功力。虽然我们不能要求每个创业者都具备预见力，但是领军人物必须要学会未雨绸缪，早做布局，留有余力。

没错，有些理念是非常不安分的。它要求你必须采取什么措施。它以一种“旧版”的头脑所不习惯的口气说话。旧版的头脑（约瑟夫的旧版头脑，也就是你的旧版头脑）还不习惯以这种不安分的方式进行思考。

各种理念，尤其是各种新的理念，都会让人辗转反侧。这些理念会挑战你的旧版头脑，并使得你的新版头脑开始占据一席之地。这个过程并非轻而易举，因为要让你的旧版头脑完全退出就意味着旧版头脑的死亡。旧版头脑并不会那么容易地销声匿迹的。肯定不会。

旧的思想是很难根除的，而且一有机会就想要卷土重来。但是，新的思想如果想要顺利降生就必须发自内心，必须发自一个处于受激发状态的生命个体——必须发自这个全新的你，而不是那个旧版的你。

它必然具有放射性，而且这种放射性必须要极为张扬和热烈。它必须要歌唱灵魂，歌唱欲望，歌唱深刻，歌唱无拘无束的渴望。它并不会歌唱那种索取无度的渴求。当然不会。它必须生于某一种渴望，然后才能触碰你以前不曾触碰到的，感受你以前所不曾感受到的，爱你以前所不曾爱过的，侍奉你以前所不曾侍奉的。

**所有的理念都是不安分的。**

它们坚持要让我们听到它们的声音，并借此惩罚我们；它们坚持挑战我们；它们刺激我们，令我们获得超越自身的能力，从而去感受，去行动，并去到遥远的地方。**所有的理念都是不安分的，因为它们不会满足于仅仅是一些理念而已。**它们是智慧的凝结，是形式与色彩的夸张，是新兴能量与旧有能量的突然碰撞。它们传播的声音很响。

你那情感的骏马正拉着那辆你不熟悉的马车，而它们却正在马车的把手上流连。

“别拉着我。”你的旧版自我如此要求。

“不要和我说话。”你的旧版的自我如此抱怨。

“不要激活我。”即便是你的新版自我也开始大喊，仿佛这个被创造出来的东西（尽管是你亲手创造出来的）拥有自主的生命一般。

1 万倍！这也太夸张了吧！谁会想要做到那种程度呢？谁又能够做到那种程度呢？难道这不仅仅是一种夸张吗？或只是一种逞强？

“哦，不是，当然不是。”新版头脑如是说。但是，到底什么样的理念才会有如此这般的成长能力呢？你头脑中的那个理念恐怕不行，也并非所有有待完成的事都可以。但是，某些有待完成的事，某些奇迹般的事，是有这种可能的。

### 思维墙九

一个善于思考的人总是会发现更多的问题，一个善于思考的人总是希望改变，以便证明自己思考的方向是正确的。可是改变很难，无论是什么样的改变，都会受到旧有力量的限制。一些人受不了挑战，就容易打退堂鼓。他们安慰自己：随遇而安吧，大家不都是这样过的吗？于是，他们就又回到旧版思维方式上去，利用惯性思维，不费力地安逸地生活。

### 拆墙法建议

决不退缩，去接受挑战。要知道，敢于接受挑战的人，能量会变得无限。挑战是一种冒险，会让你付出一定的代价，可是别忘了，你有一个永远支持你向前、能让你处于不败之地（暂时的失败不算）的力量，那就是你的思考能力。毋庸置疑，你思考得越多，实践得越多，你的思维能力就会越强，你思考的正确度就越高。所以，你有什么可怕的呢？

约瑟夫每天要花几个小时的时间散步，一般都是在清晨和晚上。约瑟夫的新版头脑也要散步，不过不是为了锻炼，而是为了运动。大脑的运动可以清除掉新生的蛛网。新的蛛网与过去的蛛网的成因都是一样的。而实际上，这种新的蛛网与过去老的蛛网并不相同，因为新的蛛网来源于新版约瑟夫的新头脑中的新能量。新的蛛网已经不再是关于工作，也不再是关于旧版约瑟夫的生活中的实用主义想法，也不是仅仅因为需要而去机械地完成某事。

新的蛛网是探索，是逐次伸展开四肢去探究：一旦发生联系，到底会出现什么状况……这是一张非常人性的网。这是一张发现之网，困惑之网，阴谋之网。

旧版约瑟夫会盯着自己看，怀疑是不是自己脑袋出问题了。当然，答案再明白不过，他确实已经把过去的头脑丢掉了。然而，对此他也无能为力。

### 孙陶然点评

作为一个创业者，在创业之前最重要的是把战略想清楚，而不是事必躬亲去做多少具体的事情，即创业者大量的时间应该是脑力劳动而不是体力劳动。当然，对公司的领导人而言，你的脑力劳动绝不仅仅是坐在电脑前的脑力劳动，更重要的是把自己公司发展的战略先弄清楚，然后再去执行。

作为一个领导者，要强调战略眼光以及高度；作为一个管理者，恐怕更强调执行。换句话说，一个人，如果只能执行一个既定的战略，那他就只具有管理者的水平；但如果能够制订战略或者在执行过程中不断调整战略、制订新的战略，那他可以称之为领导者。

## 创建理念越大，企业成长空间越大

微语录

#昆仑的仑#：领导者要有预见性，看到别人没看到的地方，找到别人想不到的思路，创新出别人创新不出的产品。只有预见未来才能做对的事，只有预见未来才能走到更远。

你认为呢？

你的新企业最终成型的时候会是什么样的呢？

需要有哪些奇迹般的事情发生才能让你的企业最终成型呢？

为什么要提到这两个问题呢？

因为这些思考能最终推动你形成你的创业理念。毋庸置疑，一家小企业的成长能力取决于创建理念。

可是，通过上文的阅读，你应该已经明白，理念并不是由别人装在礼品盒子里后不请自来地送到你家门口的。你已经意识到这一点了，是吧？

你会发现，约瑟夫需要经历一次重大的转变。更准确地说，他需要改造——从旧版约瑟夫改造成新版约瑟夫。新版约瑟夫并不仅仅是旧版约瑟夫换了一套不一样的衣服而已。新版约瑟夫是……全新的。

就旧版约瑟夫而言，他终其一生也不会产生出这样一个能够让新版约瑟夫重建其生活的理念。旧版约瑟夫的生活准则绝不容许有那些天马行空的想法。旧版约瑟夫的准则尽管曾服务于旧版约瑟夫，但却并不能适应新版约瑟夫的新生活。然而这种新生活乃是新版约瑟夫安身立命的根本。

对你而言，所有这一切都应该一目了然了吧。

然而，问题并没有解决：这个无所不包的新理念是如何产生的？在哪里产生的？什么时候产生的？请跟紧我的思路，如果你掉队了再想要解决这些问题就会变得困难重重。

这个新的理念，这个我们正在寻找的新理念，它的产生方式和你来到这个世界的方式并无不同。你的灵魂原本栖息在苍茫的宇宙中，但却因为地球上的一桩“孕事”而受到激发。两个相爱的人情意相投、水乳交融，他们两个人的声音合成一个声音呼唤着你，呼唤着你的那个灵魂。彼时，你的灵魂正漂浮在宇宙间，漂浮在恒久记忆之永恒的时间错位当中，等着被唤醒。同时，一个理念也在苍茫的宇宙中诞生了。我们此时此地所提及的理念不是因欲望而诞生，就是因爱情而诞生。不管怎样，这个理念再一次地诞生了。

**思维墙十**

很多人把企业当成自己的附属，其实不是，企业是独立于你之外的新生命，是受你的爱——对世界的爱，对其他人的爱，对企业的爱——呼唤而来的。而且，最重要，企业有它自己的灵魂。没有灵魂的企业长不大。

一提到灵魂，我们就会感觉到头大，这不是宗教人士才会思考的问题吗？与企业家有什么关系？

简单思考一个问题：你试过假定自己不存在地去思考问题吗？我们常说抛开自身去思考问题，站在别人的角度去思考问题，其实这都是灵魂在做的事情。为什么所有的宗教都对灵魂感兴趣？因为每个人都受这个形体上的“我”控制，视野狭隘，思维也受到局限。只有利用灵魂你才能真正做到抛开自我，而一旦抛开自我，那么你的思维就是自由的，你的创造潜能也将是无限的。

那么，企业的灵魂是什么呢？就是企业存在的意义、责任，即它到底能为谁带来什么真实而有意义的好处。

### 拆墙法建议

每天试着练习丢掉自我。当然不是让你迷失自我，而是假定自己不存在地去思考问题，就像你是宇宙，就像你是整个世界。

现在你再想想老子在《道德经》中所说的那句话“玄之又玄，众妙之门”，就应该有所感悟。

总之，迈克尔所传授给你的就是这样的：扩大思维视野，摆脱自己，去构思“创建一个能增长1万倍”的企业，然后，聚焦于你需要创建的企业的灵魂，不受任何名利诱惑地思考创建它的根源或者说意义，即创业理念，之后的一切就会顺利得多。

它并非初次诞生。我可以很明确地告诉你，它又一次地诞生了。当一个理念诞生之后，你也就又一次诞生了。

**一个小企业不会比它赖以创建的理念更大。**

请记住这句话。这是法则二的精髓所在。

## 准确定位目标市场

市场定位的关键是要设法找出自己产品比竞争者更具竞争优势的特性。

竞争优势一般有两种基本类型：一是价格竞争优势，即在同等条件下，价格比竞争者更低。这就要通过多种途径来降低单位成本。二是偏好竞争优势，即产品独具特色，能够满足顾客的特定偏好。市场定位有以下 2 大步骤：

### 1. 分析目标市场现状，确认自己潜在的竞争优势

这一步骤的中心任务是要回答以下 3 个问题：一是竞争对手产品定位如何？二是目标市场上顾客需求满足程度如何以及确实还需要什么？三是针对竞争者的市场定位和潜在顾客的真正需求，你应该或能够做什么？要回答这 3 个问题，你必须通过一切调研手段，系统地搜索、分析相关资料。

通过回答上述 3 个问题，你就可以确定自己的潜在竞争优势了。

### 2. 显示独特的竞争优势和重新定位

这一步骤的主要任务是通过一系列的宣传促销活动，将自己独特竞争优势的信息准确传递给潜在顾客，并在顾客心目中留下深刻印象。为此，首先，应使目标顾客知道、了解、熟悉、认同、喜欢和偏爱你的市场定位，在顾客心目中建立起与该定位相一致的形象。其次，通过各种手段，比如强化

目标顾客形象，保持对目标顾客的了解，稳定目标顾客的态度、加深目标顾客的感情等来巩固与市场相一致的形象。最后，应注意避免目标顾客对市场定位理解出现的偏差，以及由于宣传上的失误而造成的目标顾客模糊、混乱等情况并及时纠正。

另外，即使产品的市场定位很准，但在下列情况下，还应考虑重新定位：

(1) 竞争者推出的新产品定位与你的产品定位很近似，侵占了你的部分市场，使产品市场占有率下降。

(2) 消费者的需求或偏好发生了变化，使产品销量骤减。

重新定位是指为已在某市场销售的产品重新确定某种形象，以改变消费者原有的认知，争取有利的市场地位的活动。如某日化厂生产的婴儿洗发剂，最初通过强调该洗发剂不刺激眼睛来吸引有婴儿的家庭。但随着出生率的下降，销量减少。为了增加销量，该企业对产品重新定位，强调使用该洗发剂能使头发松软有光泽，以吸引更多、更广泛的购买者。重新定位对于适应市场环境、调整市场营销战略是必不可少的，可以视为战略转移。重新定位可能导致产品的名称、价格、包装和品牌的更改，也可能导致产品用途和功能上的变化，所以在重新定位之前，必须考虑定位转移的成本和新定位的可能收益问题。

# 告诫 3

# 高效运营系统决定企业成败

The Most Successful Small Business in the World

创业法则三

**小企业的系统不在于大小，而在于有机高效。**

**每一个部件都将影响到整个系统的成败。**

**孙陶然点评**

组织结构要层级分明，不要指望三个臭皮匠合成一个诸葛亮。一群准高手凑在一块儿只有高成本没有高战斗力，打胜仗需要的是一个高明的领军人物、几个中层和一群士兵。

## 以顾客需求为导向来创业

微语录

#昆仑的仑#：听说过因为没有合适的人手无法成事的，没听说过因为人手不足无法成事的。人海战术从来都是没法子的法子。做公司保持编制的最大精简是第一要务，能少一个编决不加半个编。

现在，我们来看法则三：**小企业的系统不在于大小，而在于有机高效。每一个部件都将影响到整个系统的成败。**

这就意味着，约瑟夫不仅仅要在他所知的范围内运用其新的思维，还要在做手头工作时也必须运用新的思维。他必须要把整个系统的每一个部件都校准，而他所创立的企业正是通过这些部件的作用来获得想要的结果。但是，仅仅是校准并不够，各个部件之间还要互相合作。而这一点也是他以前所不曾想到的。

在每一项任务中，在企业这个机器内部及外部的每一个部件中，都存在着一种联系，我们必须要理解这种联系。如同亨利·福特一样，约瑟夫要设计出一种原创的方法来获得一种创造性的结果，并将他的公司、他的小企业和他的产品差异化。要做到这一点，他必须要理解各个部件之间的联系。就如同亨利·福特理解“福特汽车”和“福特汽车公司”（该公司生产、销售汽车，并为汽车提供相关服务）之间的联系一样，约瑟夫必须理解他的企业中各部件之间的联系，以及他的公司与外部世界的关系。

**企业系统的所有部件都必须要标识清楚、独立分开，然后再重新组装，以使各个部件共同合作以生产出比以往更为精妙的、更为高质量的“产品”。**

约瑟夫必须这样做，你也必须这样做。并且，他要在创建自己的企业之前开始做这件事。他必须要凭着一种全新的思维来创建他的新企业。他必须要理解，他的新工作的原创特性对于打造他所选择的品牌（比如福特汽车和福特汽车公司）具有至关重要的意义。

那么，从哪里开始呢？你可以从这里开始：先要了解系统是由各个互相合作的部件构成的。该系统的部件包括：

企业外部包括消费者部件、竞争者部件、分销渠道部件、媒体部件、融资部件。

企业内部包括战略部件、战术部件、增量部件。

这意味着，该系统首先考量的是企业的外部而不是内部。这意味着，该系统首先考量的是顾客，然后是竞争者，其后是分销渠道和沟通渠道（媒体），最后是资金来源（融资方面）。这意味着，企业的理念比创建企业更为重要。这意味着，这一切与旧版约瑟夫的思想截然相反。这与大多数小企业家在酝酿和推出自己的新企业时所采用的方式是背道而驰的。

所有的小企业家都是以他们自己想要的方式开始创业的，并以此为出发点一步一步地前行。这不能算错，但这只是旧式思维所采取的方式。

而拥有新式思维的企业家们会从企业的外部开始，他们试图服务于顾客的思想、灵魂、心灵和生活。所谓的理念就是从这里产生，而这个理念将改变你所选定的顾客的生活。

### 思维墙十一

正如迈克尔所言，大多数小企业家都是以他们自己想要的生活方式和经营方式开始创业的，并以此为出发点一步一步地前行。就像迈克尔在前文所介绍的旧版约瑟夫的创业“念头”(迈克尔认为“为钱而创业”的理念是不能长久的，所以，我们用“念头”这个词来表示）一样。只有一小部分的人像新版约瑟夫那样，从企业的外部开始，试图通过服务于顾客的思想、灵魂、心灵和生活而形成一种具有生命力的创业理念，进而开始创业。简单来说，就是企业的外部构建永远比内部部件重要。

### 拆墙法建议

如果你要创业，首先要为你的企业考虑的是顾客，然后是竞争者，其后是分销渠道和沟通渠道（媒体），最后是资金来源(融资方面)。

也正是在这里，该理念作为一个综合的系统开始成形，而不仅仅是一个稍纵即逝的幻象。它已经成为一个能够引发改变的事实。该事实具有自我成长的能量和能力，它可以自行决定成长多少倍，比如1万倍……甚至更多。

## 孙陶然点评

作者这里所谓的企业外部部件，看似复杂，其实讲的是创业时要解决的3个问题，这3个问题的本质是传统营销中的“4P”理念。

1．产品（Product）和价格(Price)：在市场需求和竞争者提供的服务之间找到自己的用户群，并发现他们的某个需求，然后生产出性价比合理的产品。

2．渠道(Place)：确定如何分销你的产品，尤其是关注新技术时代的新渠道，例如现代的每一个产品都不可忽视电商渠道等。

3．推广（Promotion)：宣传推广促销自己的产品，尤其是关注社交网络时代如何借助新的媒体手段推广。另外也要考虑融资问题。现代社会资本已经渗透到商业社会的每一个角落，创业者如果不融资不借助资本力量发展，那就是在用小米加步枪对抗核武器而不是对抗飞机大炮，几乎没有胜算。

# 可资利用的外部资源大盘点

微语录

#昆仑的仑#：精兵简政的核心首先是“简政”：用最简单的方式只管必须管的事；然后才是“精兵”：尽可能少用人尽可能用胜任的人。编制上不仅要控制人数更要控制结构。最好的编制不是一个高手带一堆次高手，而是一个高手带一堆兵配上几个中层，如军队一样连排班层次分明才有效率和性价比。

现在来检视一下我们在前面所定义的各个部件。其中企业外部的部件包括：

## 1. 顾客部件（前面所说的消费者部件）

在本课最后一部分，我提出了一个模型，我把这个模型叫做“顾客识别开发矩阵”。该模型通过分析他人所面临的生活中的挑战来帮助你识别最重要的顾客。一旦确定了所面临的挑战，就能够决定如何应对这些挑战。

以约瑟夫为例，在他开始注意到发生在他周围的经济惨状时就已经在这样做了，比如汽车行业和运输行业所受到的打击。约瑟夫作为一个修理工已经在汽车行业工作了很多年，因而他能够从一个工人的角度来看待这些挑战。同时，他的旧版头脑会向他新版头脑灌输这些年来他所获得的经验，因为他新版的企业家头脑本来是没有这些经验的。这样一来，他在行业内部的经验和他从行业外部获得的新兴趣相结合就足以令他的新见解更有力度。同时，他原来的经验也因此显得更为宝贵。如果你想要向前推进自己的思想的话，请参阅本课末尾的“顾客识别开发矩阵”。

## 2. 竞争者部件

你所想要创建的公司的竞争对手会和你争夺每一位顾客。每一个竞争对手都会针对顾客的焦虑、挫败和需求提出不同的解决方案。你的任务就是要识别出每一个竞争对手，按照他们提出的解决方案对他们进行分类。

分类的标准包括：他们提出建议的方式、他们的解决方案针对某一具体问题的有效性、他们所传达的信息、他们在顾客头脑中所占据的位置（比如更好、更快、更便宜还是独树一帜）、他们所利用的分销渠道、他们的产品和服务的价格点（价格点是指对于该门店或业态的某类商品而言，最容易被顾客接受的价格或价位。——译者注）、竞争对手的规模、竞争对手在本行业内的经营时间长度、竞争对手的成长速度、竞争对手的方案成功情况。上述每一个标准都是一个部件，每一个部件都要纳入部件总纲，从而才能清楚了解这些部件相互合作的潜力有多大。

## 3. 分销渠道部件

虽然可供选择的分销渠道不胜枚举，但有效的渠道可能只有几种。这些渠道包括：互联网以及基于互联网的各种其他形式的渠道、通过自己的直销团队进行直销、利用现有的大型网络进行直销、通过独立的销售代表进行直销、利用自己的特许经营体系发展特许经营、利用现有大型特许经营体系发展特许经营、利用小型独立体系发展特许经营、利用自己的店面进行零售、利用现有的大型零售连锁商店进行零售、通过现有小规模独立店面进行零售、批发、有线电视、公共电视、大型电视网络、小型兼独立的电视网络、个人化自助出版、大型出版商、小型独立的专业出版商、大型连锁服务、个人进行的网络营销、大型营销网络、小型独立的营销网络、通过你自己的网络发放许可、通过现有的大型制造商发放许可、通过小型独立的制造商发放许可……

你可以选择上述任何一种或多种分销渠道。最重要的是，你所选择的渠道将决定你的覆盖范围、成本、有效性和局限性。换句话说，如果你选择了利用有线电视进行电视直销的方式来分销自己的产品或服务的话，将导致你错过其他的销售机会。比如，如果你选择在书店销售自己的书的话，那么这就有可能对你以电视直销的方式销售（或免费派发）这本书带来不利影响。请记住，在分销方面，各部件的有效合作至关重要。

## 4. 媒体部件

还记得马歇尔·麦克卢汉（Marshall McLuhan，20世纪原创媒介理论家、思想家。——译者注）的“媒介即讯息”理论吗？反过来，讯息也就是媒介。讯息的媒介被称为“媒体”。媒体的形式之一就是当地报纸、地区性报纸、全国性报纸。报纸上有两种形式的媒介可以利用：新闻和广告。新闻可以是非常直白的，比如你在公司（或者是和公司一起）做了什么值得上新闻的事。新闻也可以是比较含蓄的，这种新闻可以称为宣传。报纸上的第二种媒介就是广告，你可以花钱购买版面来推销你自己的产品、服务或你的公司。

广告也可以伪装成新闻的形式：当地杂志、地区性杂志、全国性杂志、贸易类杂志、行业性杂志、专门探讨某一议题的杂志、专门研究某一市场的杂志、专门迎合某一类读者的杂志、各种形式的电视广告（参见分销渠道部件部分）、按引导付费电视、按每笔交易付费电视、电视新闻、电视宣传、电视直销、关于你的电视节目、资助他人的电视节目、网络收音机、广播电台、公共广播电台、前述所有适用于电视的类别也同时适用于广播电台、互联网……

在媒体方面的选择是极其广泛的，你可以单独利用某一种媒体，也可以综合利用多种媒体。你可以花很多钱去做这件事，也可以花较少的钱去做这件事。能少花一点钱总是好的，因为与其他行业一样，媒体业也正在承受着巨大的压力。过去稍微花点心思就能做好的事，如今即使花很大的心思也未必做得好了。不过，无论外面的世界如何变化，讯息依旧是媒介，而媒介也依旧是讯息：**尽可能多地宣传自己，让自己为人所知。**

## 5. 融资部件

这一部分探讨如何为你的新企业提供资金。这里既有好消息也有坏消息，我比较倾向于关注好消息：一旦你已经到了蓄势待发的阶段，因为新企业一开始规模比较小，那么你所需要做的大部分工作，比如概念论证、理念设计、建立模型等所需要的资金都可以自给自足。也就是说，不但家人和朋友等认识你的人会帮助你，其他信任你的人也会施以援手。如果他们无力相助的话，事情就会比较难办，但仍然是可行的。此为融资部件的第一个部件：自力更生。

### 思维墙十二

大多数小企业家在创业的时候，只是简单思考几个问题：卖什么、顾客是谁、利润能达到多少。很少有人能够系统地分析一个小企业的部件，因为他们认为用不着，一个小企业只要能活着就行了。

迈克尔告诉我们：如果你在开始不把每个部件做好、做到位，那么你的企业就很难安全运行，也很难长大。

## 拆墙法建议

按照迈克尔的思路，把每一个内部部件和外部部件都建立一个档案，尽你所能去充实这个档案。

接下来我们可以列一个清单。融资部件包括：自力更生（也就是利用个人关系尽力筹措资金）、风险资本家、天使投资（Angel Investment，风险投资的一种。是权益资本投资的一种形式，是指富有的个人出资协助具有专门技术或独特概念的原创项目或小型初创企业，进行一次性的前期投资。——译者注）、你所希望进入的行业业内其他的成功企业家、能够与你所希望进入行业相包容的其他行业的成功企业家，以及能够成为你的战略合作伙伴或战略投资者的成功制造商、成功服务公司、零售公司（与你不构成竞争关系）、成功分销商（与你不构成竞争关系并有可能成为你的供货商）、等待被收购的不成功的竞争对手、成功广告商、成功网络营销公司……

请记住：该系统中每一个企业外部的部件必须与系统的其他部件互相合作才能使整个系统协同运行。要想使该系统成为"全球最成功的小企业"，此种合作不可或缺。因此，按照"创业神话"中所说的那样，把各个部分整合到一起，对于新公司的成长至关重要。

## 思维墙十三

小企业融资难，是一个世界性的普遍现象。在任何一个经济体中，不管在哪个发展阶段，总有一部分小企业面临资金问题。大多数小企业家都有这样的经历，他们在融资时发现：一旦涉及钱，人与人之间的关系就变得非常脆弱；而想要通过信贷部门融资就更难。马云在建立阿里巴巴之初，曾经一家一家银行地去敲门，却全部被拒绝。这当然是因为小企业受经营环境和企业家自身经验能力的影响，在经营的过程中变数大、风险大，难以吸引投资者的注意力。

### 拆墙法建议

湖北武汉有一个叫兰世立的人，在2005年曾经扬言要买20架飞机。这在当时成了轰动世界航空界的大新闻，因为即使有民航总局做担保的国家航空公司，一次性也只能购买两三架飞机。

而且最重要的，购买飞机需要有担保，因为兰世立倾尽所有，也就只能购买一两架飞机，所以，他必须要有担保。可是民航总局不会给民企担保,而银行对他也持怀疑态度。没有担保，兰世立买飞机的计划成了一个泡影。

可是，就在兰世立准备放弃的时候，空客（Airbus S.A.S.，空中客车公司，是欧洲一家民航飞机制造公司）回复信息给兰世立，答应卖给他飞机，还愿意给他提供卖方信贷，欧洲出口信贷。紧接着，波音公司也作出了相应的承诺。

为什么这些公司敢作出这样的承诺呢？原来，这些大公司在作出这样的决定之前，都已经对兰世立的一切考察得非常清楚。他们派出世界顶级的风险分析员，详细了解了兰世立以及他创立的企业——东星国际旅行社的历史、实力以及对未来市场的把握能力。当然，还有整个中国潜在的市场。所有的分析员反馈回去的信息都是肯定的，这才会出现这样戏剧性的结果。

所以，我们要改变思维方式，别把融资简单地看成借钱。你要站在投资者的角度去思考问题。而这，需要你仔细阅读迈克尔这本书，认真参悟，才能更好地把握内里的精髓。当你创建了一个具有1万倍成长空间的企业，还怕没人给你投资吗？

### 孙陶然点评

作者提出战略、营销、运营和财务4个企业内部部件，我猜测是所谓的4个部分吧。其实同一问题有很多不同的理解维度，没有对错，有效就好。我喜欢的维度是把公司的经营和管理分开，公司的管理两大问题，一个是领导力，核心是柳传志先生提出的三要素“建班子、定战略、带队伍”；一个是执行力，核心是我在拉卡拉使用的四部曲“设目标、控进度、抓考评、理规范”。这两点是企业管理的关键，万变不离其宗。

一个领军人物把握了这两点，基本上就可以把企业管理好。在企业经营上，每一个环节都很专业，不论是产品设计、研发组织、生产组织还是营销，甚至售后都需要创造出适合本企业的打法，但是在管理上，还是领导力和执行力这两点。

## 你的“内部施工图”画好了吗？

微语录

#昆仑的仑#：编制必须紧缺，唯有如此才能逼迫我们做减法放弃那些可做可不做的事情，才能逼迫我们仔细拿捏轻重缓急，才能逼迫我们对每一个编制都精挑细选、对每一个岗位择贤而任。

现在，我们来看一下企业内部的部件。内部有 3 种部件：

战略部件、战术部件、增量部件。

在企业内部需要特别强调的战略部件包括以下几个方面。

战略：你的 CEO 就是你的首席战略官 (CEO，Business Strategy，首席战略官，企业战略)。

营销：你的 CMO 就是你的首席营销官 (CMO，Marketing Strategy，首席营销官，营销战略)。

运营：你的 COO 就是你的首席组织官 (COO，Operations Strategy，首席组织官，运营战略)。

财务：你的 CFO 就是你的首席财务官 (CFO，Financial Strategy，首席财务官，财务战略)。

战略、营销、运营、财务构成了“全球最成功的小企业”的 4 项核心功能。此 4 项功能前后衔接协调一致地工作就构成了一个战略团队。下面我们仔细地审视一下各个战略部件。

## 1. 战略部件

（1）战略的战略部件（CEO 对此负责）

此部件包括理念、愿景、目标、使命，其中使命包括：

你的企业为谁服务？

你的企业为什么为这些人服务？

你的企业如何为这些人服务？

为什么你的企业对这些人如此重要？

你的企业给这些人带来了哪些改变？

你的企业给这些人提供了什么？

如何提供？

价格是多少？

利润是多少？

你，或者你的所作所为与他人的差别在哪里？

这种差别何以能历久不衰？

（2）营销的战略部件（CMO 对此负责）

此部件包括：顾客选择、定位、包装、产品 / 服务设计、定义性语言、描述性语言、广播性语言、教育性语言、分销、对竞争对手的分析和评估、销售、广告、公司包装、服务的市场。

（3）运营的战略部件（COO 对此负责）

此部件包括：计划的执行、组织的设计、品牌的建立、承诺的兑现、标准的遵循、无可挑剔的团队、一致性、运营体系的创建、完美地执行、“增长 1 万倍”的心态、每次只创建一个小企业、精确记录和编排所有行为、系统即解决方案。

（4）财务的战略部件（CFO 对此负责）

此部件包括：注入资金、绩效量化、上报绩效指标、厘清财务关系、与合作伙伴沟通、兑现财务承诺、市场财务信息。

## 2. 战术部件

（1）战略的战术部件（CEO 对此负责）

此部件包括：营销、运营、财务。

（2）营销的战术部件（CMO 对此负责，各位经理承担责任）

此部件包括：销售、公关文案、图形设计、产品设计、宣传、公关、网站管理员、利用互联网作为媒介、利用互联网进行营销沟通、利用互联网作为产品及服务实现的工具、利用互联网进行销售。

（3）运营的战术部件（COO 对此负责，各位经理承担责任）

此部件包括：生产、顾客实现、互联网、向高级管理人员汇报运营情况、向所有店铺汇报运营情况、按照标准汇报运营情况、互联网的运营、系统开发、系统监控。

（4）财务的战术部件（CFO 对此负责，各位经理承担责任）

此部件包括：会计、应付账款、应收账款、现金流管理和报告、资产负债表、给各店面的报告、来自各店面的报告、店面的财务情况、公司的财务情况、给高级管理人员的财务报表、财务计划的管理、金融市场报告。

## 3. 战术的增量部件

每一个技术人员所完成的上述战术部件所列的所有工作：在任一情形下，所完成的工作都可称之为战术性工作。

## 孙陶然点评

任何组织都是一个生态系统，这个系统包括上级下级和同级，包括指令、运转逻辑和反馈体系。除非你准备重构组织架构，否则必须按照组织层级来管理，轻易不要越级下达指令。外力的干涉只会破坏生态平衡无法解决问题，还往往适得其反。

# 将各个部件拼成一个整体

微语录

#昆仑的仑#：管理上比没有制度危害更大的是有制度不执行，以及制度制订之后不与时俱进地更新。

上述各部件的总结请见表 3.1。请注意：每一部件必须与其他所有部件协同合作从而形成一个整体。如果某一部件不能够以高度的系统性方式与其他所有部件（其他每一个、任何一个部件！）协同合作，整个系统就会出现紊乱。

一旦出现紊乱，你就无法（也就永远不能）建成“全球最成功的小企业”。这个小家伙永远都不可能飞起来。

是的，如果想要建成“全球最成功的小企业”，就必须要保证一切井然有序、有条不紊。

**要保证有序就必须对称；要保证对称就必须平衡；要保证平衡就必须一致；要保证一致就必须具备整体性——而要保证整体性就必须使得各个部件如同一个切割精当的拼图的各个零片一样契合得严丝合缝。**

你要看到整个图景，要看到完成时的最终图景，看到故事已经完结时的最终图景，要在你的头脑中看到整个图景，要在你自己身上看到整个图景。

## 表3.1　顾客识别开发矩阵

| 年龄组 | 需求 | 实现 |
| --- | --- | --- |
| 产前至新生儿 0～1个月 | 健康问题 | **畸形/智障**：对孕妇进行关于畸形和其他并发症成因的教育，给予她们预防的药物<br>对待生产的母亲要进行高强度的营养强化，对酒精上瘾或其他药物上瘾的母亲要及时戒除对这些东西的依赖并检查身体的健康状况<br>**突发病变猝死**：舒服的监视婴儿重要器官的设备、报警系统、呼吸停止时会震动的婴儿床 |
| 新生儿 0～1个月 | 关爱 | **健康**：特别适用于新生儿的护理和爱护、能够更好地诊断新生儿病症的新技术<br>**卫生**：先进的过滤和通风系统、优良的消毒流程、天然材质的床单毯子、全面的宝宝监控设备<br>**尿布**：设计更精良、更舒服、更有效防漏的尿布，带传感器的尿布，填埋后迅速分解的尿布<br>**哭闹**：设计出某种安抚装置、能够振动的床、可触式录音装置 |
| 新生儿 0～1个月 | 领养 | **领养**：可行的、高效的、筛选严格的领养程序，在全国范围内建立的领养父母数据库 |
| 新生儿 0～1个月到婴儿期 | 营养 | **母乳喂养**：吸出母乳和储存母乳的新方法；母乳的检测；设计更佳的哺乳文胸，使得母亲可以在公共场合为婴儿哺乳；对新妈妈进行母乳喂养的益处的教育<br>**固体食物**：超浓缩营养食物、天然的宝宝食物和饮料、无糖小食品、进餐方案、食物递送服务、自助进餐准备/课程 |
| 婴儿期到蹒跚学步 | 日托/临时照管 | **日托/临时照管**：对有资质开展日托业务的机构进行认证；就婴儿需要注意的状况对父母进行提醒；监视婴儿照管人员的设备；引入规章、指引和注意事项；婴儿照管人员雇用指南 |

（续表）

| 年龄组 | 需求 | 实现 |
| --- | --- | --- |
| 婴儿期到蹒跚学步 | 发展 | **走路**：帮助婴儿站立的装置<br>**说话**：能够录下父母声音并在父母不在的时候能够发声的录音装置<br>**排便训练**：训练工具、训练玩具、婴儿坐便器<br>**玩具**：互动的、有教育意义的、好玩的、吸引人的、安全的教学工具 |
| 婴儿期到蹒跚学步 | 安全 | **儿童拐卖**：儿童监视器、儿童GPS设备、可以与家长的警戒系统接驳的儿童饰品、能够随时显示失踪儿童照片的告示板、能够立刻封锁现场的系统 |
| 儿童期 | 学习 | **学习**：知识/了解世界<br>**学校**：让孩子保持对上学的兴趣；安排课时的新方法；教师与孩子互动的新方式；<br>**礼貌**：进餐礼仪；电话/电子邮件礼仪；向别人介绍自己；替他人着想 |
| 儿童期 | 安全/社会发展 | **安全**：自卫课程<br>**个性训练**：个性养成手册、措施、课程等<br>**监督**：积极的榜样计划、课后项目、看电影计划、生活能力养成项目<br>**看电视过度**：特定时间段之后关闭电视的定时器、家长控制功能、通过运动给电视供电的装置（比如踏板或走路装置） |
| 儿童期 | 接送 | 接送孩子上学服务；带孩子参加课外活动；为兴趣相近的孩子进行配对 |
| 儿童期 | 健康问题 | **过度肥胖**：教育、运动教练、家长教育、早期习惯的养成、意识运动、学校内的锻炼课程、学校内更加健康的养育方式<br>**虐待**：更多离家出走儿童的庇护所；给予养父母更多的激励；让离家出走儿童得到受教育机会的计划；财务方面的帮助；医疗方面的帮助 |

（续表）

| 年龄组 | 需求 | 实现 |
|---|---|---|
| 青少年期 | 社会发展 | **焦虑/激动**：重视能量的教学目标设置；教会青少年冥想和呼吸技巧；让青少年了解不同类型的人格，缓解激动情绪，强化其宽容的能力<br>**互联网**：教会青少年互联网礼仪；隐私 |
| 青少年期 | 健康和安全 | **饮食**：健康饮食烹饪项目<br>**粉刺**：能够获取有效治疗粉刺的药物；广泛提供皮肤护理方面的信息；教导学生饮食习惯和生活方式对皮肤的影响<br>**安全**：防狼喷雾剂、自卫课程<br>**毒品/酒精**：康复中心；介入；教育；家长控制功能；其他活动<br>**离家出走**：儿童庇护所、儿童收养项目 |
| 青少年期 | 大学/职业 | **大学/职业**："第一份工作"项目；开设更多的能够负担得起的课程；不同的学校/课堂设置；更为有序的课堂环境；把想学习和不想学习的孩子区分开来<br>**职业**：地区性职业项目；向青少年展示各种职业的工作内容；在高中进行职业培训；消除工作中的性别歧视；针对某一性别的人群进行创新教育项目；教练培训项目；创新驾驶课程；高度冒险项目 |
| 中年期 | 年龄增长财务 | **年龄增长**：高级祛皱血清、超富含营养食物、抗衰老滋养品<br>**体重**：低脂低糖小食品、体重秤、减重诊所<br>**疾病**：更好的药品、新的诊疗技术<br>**家庭**：新的沟通和保持联络的设备<br>**丧亲**：悲伤辅导课程<br>**形象**：更好的社会技能<br>**消沉**：药物、更好的诊断方法、意识运动的扩展<br>**护理**：更多的注册护理师培训、针对家长的创新便捷的项目<br>**财务**：简单的投资项目、针对女士的理财培训<br>**债务**：债务减免项目、放款人、理财、退休规划 |

（续表）

| 年龄组 | 需求 | 实现 |
|---|---|---|
| 成年期 | 家庭健康安全 | **丧偶**：悲伤辅导课程、互助支持小组<br>**看护**：更多的注册护理师培训、筛选技术、背景核查、视频监视、全国联网<br>**安全**：安保服务、“安全之家”设计<br>**财务**：与家人和朋友集资、同居、分担成本、保险服务<br>**健康 / 寿命**：应对技能、营养品、牙齿护理、药品、手术、皮肤护理、记忆增强、医生监护<br>**退休**：社区活动、社会保障、成本分担、裁员、最低生活保障、旅行<br>**生活方式**：保持活跃、有弹性、锻炼 |
| 老年期 | 看护<br>财务<br>生命晚期问题 | **看护**：注册护理师培训、筛选技术、背景核查、视频监视、全国联网<br>**安全**：安保服务、“安全之家”设计<br>**家庭**：对需要赡养父母的家庭提供帮助；食品及药物递送服务；购物、杂役服务<br>**丧偶 / 丧亲**：悲伤辅导课程、互助支持小组、葬礼服务、殡葬服务、生命终期问题<br>**财务**：咨询；与家人和朋友集资；同居；分担成本；保险服务<br>**营养**：易吸收营养补充药剂<br>**预期余命 / 寿命**：营养补充药剂脑力退化 / 记忆<br>**减退**：检测设备、记忆增强训练<br>**意义**：加强对老龄人群的社会接受程度；有成效的、有益的工作；提高对老龄问题的认识 |

## 初创公司组织结构切勿照搬大公司

初创企业重要的不是部门齐全，而是岗位职责明确，各负其责。另外，还要讲究团结协作，不能各自为政。各部门分工协作明确、工作效率高、企业快速运转的组织结构都是合理的。以下是组织结构设计时应注意的几个问题：

### 1. 营销部门和财务部门的设置

收入是企业的命根，创业之初 3 个月的销售情况常常就决定了初创企业的命运。如果说大企业是“管”出来的，初创企业就是“卖”出来的。因此，营销部门的组织设计对创业者尤为重要。是否把市场和销售两个职能分开，定价权和推广费用批准权怎么分配，各级员工对销售该负什么样的责任等，都需要慎重考虑。

有研究表明，许多初创企业在一年内就倒闭的直接原因是财务管理不善，应收账款中的坏账太多，频频发生流动资金短缺问题。初创企业的财务部门常常只有一个会计、一个出纳，不足以应付众多的挑战。创业者要特别注重财务监控问题，不能简单地把财务管理视作“记账”，要聘请有专业技能的人负责，并制订相应的激励机制和评估体系。

### 2. “因人设职”还是“因事设职”

“因人设职”还是“因事设职”似乎从来没有定论。一般来讲，学术界更倾向于因事设职，而不少管理者则主张因人设职。因为他们更切实感受到人才难得，不愿意放过稍纵即逝的机会。初创企业一般都面临着人才短缺的问题，因为创业者一般不可能具备全部的管理知识，但又付不起聘请营销经理、财务经理等人员的工资。而且与大企业相比，初创企业往往倾向于依靠一个或几个人为企业创造收入。在这样的情况下，一定程度和范围内的因人设职是非常必要的。但要切记，因事设职永远是主流，因人设职只是特殊情况。

## 告诫 4

# 掌握 7 个秘诀，创业不再走弯路

The Most Successful Small Business in the World

创业法则四

**经济危机与行业周期不可怕，**
**小企业只要能够向其所有的顾客提供有意义的、**
**高度差异化的结果，就可持续发展并安然长大。**

## 孙陶然点评

广阔天地才能大有作为。很多创业者选择自己会做的事创业，这是自然的，但未必对。首先必须研究清楚你会做的是不是市场需要的，需求到底有多大。如果只是少数人在少数时候才需要，那么趁早别做，那叫概念不叫商品。如果是大多数人在大多数情况下非需要不可的，那是创业机会。

# 如何躲过金融危机？

微语录

#昆仑的仑#：与其把力量花在找更多客户上，不如集中力量把现有客户做透，真正解决客户的问题并把用户体验做到极致，这才是对客户负责也是对自己负责。

读者们经常问我，在刚刚经历了有史以来最可怕、最具灾难性、最荒谬、最悲惨的金融大溃败之后，我们凭借什么来预测“全球最成功的小企业”在未来将会面临怎样的经济状况呢（你知道，这次金融危机比 1929 年的大萧条更严重）？

这样的说法难道你还没有听够吗？时至今日，还有谁会记得 1929 年的大萧条呢？还有谁想要记住大萧条呢？那时候，不是所有的企业都轰然倒塌了吗？那时候，不是有成千上万走投无路、绝望的人们排着长队（竟然在美国都会发生这样的事！）等着领取食物，等着永远都不会来的工作吗？我的父亲和母亲都是从那个年代走过来的，但现在他们根本不会再提起这件事了。

那么我提到这些是要表达什么呢？

我想我们要表达的无非是同一件事：那么多被认为是精明过人的家伙怎么会在物质如此丰富的今天作出这么傻的决定呢？

傻吗？扯淡！他们的决策根本就不是“傻”这个词所能形容的！

傻还情有可原。但愚蠢呢？愚蠢简直不可饶恕。愚蠢的人就会做愚蠢的事,过去的一部电影《阿甘正传》里不是有人这样讲吗?事实上,如果不仅仅从过去5年来所发生的事情来看,而是从接下来将会发生什么的角度来看的话,我们会发现,愚蠢是不厚道的。不,应该更丑恶。丑恶的人就会干丑恶的事。他们都是自恋的连环罪犯,他们摧毁了他们所创造出来的一切,应该让他们在牢狱中度过余生。

**思维墙十四**

把着眼点放在过去,希望总结过去所发生的事情的经验教训,而忽略了现在和未来,这将会使你的企业失去最佳解决问题的时间——现在,从而无法面对危机。

道理很简单,你总是回头看你走过的路,痴迷于过去,那么就很难发现前面的陷阱。(当然,不是说过去的路不能看,而是它不应该成为你企业发展的着眼点。)

**拆墙法建议**

依照未来的局势来构建你的企业蓝图,紧紧把握企业发展当下这个时间点。为了做到这一点,你需要把迈克尔的创业十大法则全部吃透,慢慢体会。你得通过阅读和思考,把迈克尔的创业精髓转变成你自己的成功之道。

现在,我们回到最初的话题:**一家小企业在任何经济条件下都必须是可持续的发展的。**

如果所有的这些金融专家、金融顾问、导师、领导者、放贷机构都不知道是怎么一回事,那么你或者我怎么可能会依照"在任何经济条件下都必须是可持续的"这一标准建成"全球最成功的小企业"呢?

到底该怎么做呢?

答案非常简单。运用并恪守本书这十大法则。

如果安然公司（Enron，曾是世界上最大的电力、天然气以及电讯公司之一，连续 6 年被《财富》杂志评选为“美国最具创新精神公司”。安然公司于 2001 年申请破产。从那时起，“安然”就已经成为公司欺诈以及堕落的象征。——译者注）能够运用并恪守这十大法则的话，它今天仍会屹立不倒。

如果安达信会计师事务所（Arthur Anderson）能够运用并恪守这十大法则的话，它就不会一败涂地。安达信！你能相信吗？

如果这些全球最大的抵押放贷机构能够运用并恪守这十大法则的话，毫无疑问地，今天我们应该还能看到他们的身影，而且抵押行业应该依旧发展得如火如荼。

如果像美国国际集团（AIG）这样的大型金融服务机构能够运用并恪守这十大法则的话，他们（也包括我们）就不必承受今天所遭受的如此严重的挫折。

十大法则是一个经济稳妥的公司起步和成长的基石。这十大法则绝不会令你失望。不管你身处何种经济环境之中，这十大法则都将助你无往而不利。

现在，我们来探讨一些让企业可持续发展的秘诀。

## 孙陶然点评

企业不倒有秘诀吗？有，也没有。作者整理的这7个，我不敢说错，因为确实都是正确的，但是对中国的创业者而言又很难遵照执行。我认为，如果企业不倒有秘诀的话，只有一个，那就是自我进化。

自然界中不能自我进化的动物都已经灭绝了，不论是巨大的恐龙还是微小的三叶虫。社会也一样，一个人若不能自我进化必然会被组织边缘化甚至淘汰；一个企业若不能自我进化与时俱进必然会被市场淘汰。只有时刻盯着用户，先于他们发现其需求的变化，然后去满足他们的需求才能基业长青。

所以，如何构建一个能够自我进化的机制是企业机制设计的核心，而股东结构、文化、班子建设是企业机制设计的3大方面。

# 让你少走弯路的 7 个秘诀

微语录

#昆仑的仑#：做产品，只要把一个杀手级功能成功做好就足够了，否则再多的功能也不足以让用户掏钱购买。所以与其在各种功能上浪费时间，不如停下来找出产品的杀手级功能是哪个，然后集中所有资源把它做好做透。

"全球最成功的小企业"在选择、设计、构建和成长方面有 7 个"秘诀"，只有遵照这 7 个"秘诀"，才能保证企业的可持续发展。

## 秘诀 1：选择最寻常的

"最寻常的"指的是什么？那就是要制造、销售那些永远不会过时的产品或服务：食品、医疗保健、服装、通讯、交通、舒适生活设施等。但这是不是意味着只要选择了上述行业就能确保成功了呢？也不一定。实际上，很多（或者说大多数）选择了上述行业的公司都以失败告终。但是，如果他们能够运用并恪守这十大法则的话，他们就不会失败。

我的意思是说，**只选择做那些永远不会过时的事情**。时尚反复无常难以预测因为它变得太快，往往转瞬之间一切已面目全非。而卓越的公司则坚如磐石，既不是无法预测也非反复无常。这样的公司专注于最基本的事情，专注于那些能够保持可持续性必须做的事情。

因此，本条法则的要旨就在于：只做必要的事情。那么，这是否意味着此类公司无需创新呢？当然不是。创新不同于时尚，创新指的是发明。最平常的东西经过创新就会变得非同凡响，但仍然可以为平常的思维方式所理解。这就是说，**要以一种更好的方式来做一件基本的事情，以一种更好的方式来做一件平常的事情**，诸如满足人们衣食住行的需求，让人们享受舒适的生活……总之，做人们需要公司做的一切事情。

**思维墙十五**

有很大一部分小企业家在选择企业经营项目的时候总想抓住最时尚最具创新性的东西。但是潮流具有时效性，变化太快，很难把握，而且竞争激烈，很难保证你的企业持续性发展。

**拆墙法建议**

迈克尔强烈建议：只有经营那些最基础的产品，只有做那些最平常的事情，才能保证企业持续发展。即做那些能满足人们衣食住行基本需求的事情，做那些能让人们真正享受舒适生活的事情，不只是如广告上宣扬的那些你需要什么什么的理念性指示。

你看那些百年老字号，诸如稻香村、全聚德、狗不理、内联升等，就是为人们的衣食住行服务。正是这些与人们的生活息息相关的服务，保证了这些企业在重大的政治经济变革浪潮中依然屹立不倒。

当然，你可以与时俱进，跟着潮流做产品。比如，时下的办公室小零食，就是一种时尚经营方式。在这里，食品是基础的产品，但使用方式却是潮流化的。但不管怎样，如果你想要你的企业保持可持续发展，那么你选择的行业一定要是与百姓生活息息相关的。

你还可以把这个思维点扩展开，不光是产品，还有服务，以及经营过程中的每一个环节，都要以保证百姓的利益为先。

我们看牛根生如何阐释：股东投资求回报，银行注入图利息，员工参与为收入，合作伙伴需赚钱，父老乡亲盼税收。只有消费者、股东、银行、员工、社会、合作伙伴6者的“均衡收益”，才是真正意义的“可持续收益”；只有与最大多数人民大众命运关联的事业，才是真正“可持续的事业”。牛根生的意思是：如果你的企业真正“为人民服务”了，那么你的企业就能做到可持续发展。

## 秘诀2：持续改进

公司之所以会败亡，不仅仅是因为它的经营者做了错事，更因为经营者什么也不做。传统并非是静态的，而是一以贯之的。那些一动不动的公司不可能兴旺发达。他们只是沉迷于过去，而没有不断地开创未来。而卓越的公司却是在不断地更新过去。今天就是昨天的明天，明天就是后天的昨天。卓越的公司持续不断地为所有人创立标准，因为它自己本身就在非常严格地执行标准。它专注于基础的工作、核心的工作，而且做得比其他任何公司都要更好。**卓越的公司之所以会成为“全球最成功的小企业”是因为它在不断改进，不仅改进其业务内容，还改进其业务模式。**

如果通用汽车公司能够遵循其自身规则，它就会像过去一样，仍然是一家卓越的公司。如果通用汽车公司能够持续改进，那么今天它就会像当初一样，仍然是汽车行业的领军企业。但是，它没能做到这一点，它没能对交付给顾客的结果进行改进。归根结底，对所有的企业而言最重要的东西都是一样的：结果。在《创业必经的那些事》中，我说过：“注重结果，而不是工作本身。”请记住：**要持续地改进结果。**

### 思维墙十六

很多小企业家费了惊人的时间和精力，力图将企业的每一件事情都打磨得非常完美。在管理体系之下，所有的工作都受到层级严密的控制，同时所有工作也都能按部就班。但由于发生了一些投入巨大但产出不大、意义不大乃至错误的事情，结果一切努力都付诸东流。

为什么会出现这样的事情呢？因为他们拘泥于工作的细节，而不能鸟瞰全局，也没有未来的意识，看不到结果。

### 拆墙法建议

把精力更多地放在结果上，而不是过程中的计划制订、任务分配、执行监督之类的事情上，这样，你才能保证自己做的是正确的事。请记住：你得永远做正确的事，而不是正确地做事。

作为一名小企业家，你得随时总结你过去工作，确定工作结果是否与工作付出相匹配，同时，还要审视你目前所做的工作，在未来会有一个什么样的结果。

## 秘诀 3：倾听顾客的声音

我知道，每个人都在口口声声地讲要“倾听顾客的声音”，但却很少有人真正愿意这样去做。倾听顾客的声音意味着什么呢？那意味着注意她、跟随她、倾听她的说话、观察她的行为；意味着去理解她的心中所想；意味着了解她在早上起床的时候、给孩子喂奶的时候、梳洗打扮完上班的时候、做自己的工作的时候、去吃午饭的时候、吃完午饭回来在下午小憩的时候对自己有何感受……她结束了一天的工作之后会去干什么？她回到家里之后感受如何？她的家看起来怎么样？

干不干净？物品摆放是否井然有序？装修得怎么样？她回到家里之后做些什么？她看电视吗？她有孩子吗？她的孩子都多大年纪？她给孩子做晚饭吗？她的孩子每天都做些什么？他们上学吗？他们是好学生吗？他们在学校惹是生非吗？如此等不一而足。倾听顾客的声音。了解她是谁，她做些什么，她喜欢做些什么。关注你的顾客。你要做到：了解她胜过了解你自己。

## 秘诀 4：回应你的所听、所见、所感

如果仅仅只是倾听顾客的声音（看到她、感受她、跟随她、注意她），而没有将你对顾客的回应融入到公司的战略实施中去，那么无异于是在浪费时间和金钱。公司的每一具体细节的孕育、设计、构建和传达都会在公司所做的和将做的每一件事中体现出来，比如公司的框架、文化及所交付的产品或服务、公司的灵魂和感知力等。而若要将这一目标日常化、常规化，公司就必须有一种相应的机制，必须有一种体系。你的团队必须完全融入这一体系。他们必须能够理解并传递这一体系。他们必须看到、感受到这一体系，并将这一体系展示给彼此以及公司所有的合作伙伴、供应商和投资者。

如此，你的公司就会被认为是一家为所应为的公司。这将成为你的荣誉勋章。这是印有你的公司名字的识别标志，而你的公司名字则会为人们所津津乐道、口口相传。你的公司会被人们尊为他们所看到过或听到过的最不同凡响的公司。正因如此，你的企业才能被称为“全球最成功的小企业”。**而你的企业所拥有的，也正是所有其他没有意识到这一力量的企业所不具备的。即你的企业所做的事，是其他企业所没有意识到需要做的事。**

请你记住这一点。如果你没有记住的话，你的公司很有可能也会被忘记。

### 思维墙十七

不能倾听外部的声音，不能对其作出回应。

如果你的企业在产品或者服务上遭受人们的非议，不管那发出声音的人是你的顾客和合作者，还是你的竞争者，如果你视而不见、听而不闻，在经营方面不打算进行任何改进以应对这些声音的话，那么你的企业最终将会走向灭亡。

这个不难理解，因为它虽然是你的企业，但它的存在不是为你服务的，而是为别人，即为那些你称之为“客户”的人服务的。

### 拆墙法建议

一个优秀的企业家，既要注意倾听自己内心的声音，又要能听外部的所有声音，并能对所有的声音作出回应，并在企业变革中体现出来。

## 秘诀 5：提高标准

每当我提到“全球最成功的小企业”时，就意味着没有哪一个企业会比这个企业更好，意味着你所创设的标准将成为所有其他公司的基准。也就是说，只能是他人模仿你，而你不能模仿他人。因此，**你所设立的标准必须非常之高，使得其他公司在短期内无法企及。**同时，因为你在不断地改进，其他公司就要跟在你的身后亦步亦趋地模仿你。

那么，那位我们所熟悉的旧版约瑟夫会怎样看待这一切呢？恐怕他已经头昏脑涨，心里充满恐惧了吧。迄今为止，他一直都在修理汽车，而他所设立的标准也比较直截了当：修好了，就很好；没修好，就不好。

然而，对一个想要成为“全球最成功的小企业”的汽修公司来说，仅仅“把车修好”只是最低的标准。其他有待沿用、发掘或建立的标准数不胜数，比如：汽车从汽修厂出去的时候有多干净？顾客除了要求修理好汽车之外还有什么别的机会？该汽修厂可以完全免费提供哪些能够让顾客感受到巨大惊喜？

要用什么让顾客感到惊喜，感到不可思议，这就是取法乎上的实质。然后，在看似不可能的情况下怎么样做成这件事，这就是超越以往所取得的任何成绩的实质。在这样空洞的迷雾包围之下，约瑟夫一定会觉得自己笨拙可笑吧！面对这些以前从未有人提起过的问题，他（或者是你）该感到多么力不从心啊！这个世界是多么的奇怪而不可理喻啊！同时又是多么的有趣和令人兴奋啊！

### 思维墙十八

“我把这些产品卖出去就好。”

“制作的产品更精美一些，销售会更好做一些。”

“在服务方面，让顾客满意就好。”

……

诸如此类的想法，让你的企业显得非常没有水准，所以，即使你的企业达到了这些标准，也无法成为“全球最成功的小企业”，因为标准太低，被超越的几率太大。

### 拆墙法建议

《易经》上说：“取法乎上，仅得其中；取法乎中，仅得其下。”意思是说，一个人制订了高目标，最后仍然有可能只达到中等水平；而如果制订了一个中等的目标，最后可能只达到低等水平。所以，你对企业所设立的标准一定要高，高于一切。衡量这个高的标准，就是要让顾客感到惊喜，感到不可思议；要让你的竞争者觉得无法超越。为此，你要把企业的工作“完成”

到“非常好”、“更好”、“无以复加地好”，因为：没有最好，只有更好。

## 秘诀 6：讲述一个精彩的故事

你的公司的故事一定要非常精彩：感情深沉真挚，叙事风格凝练。团队的所有人都必须要相信、讲述、感受、传达、解释、钻研这个故事。你的公司并非是这个故事的一个产品——相反地，这个故事应该是你的公司的一个产品。先有公司，后有故事。

虽然这样做看起来有点太过于郑重其事，但实际上一个公司的传奇正是建立在这些故事的基础之上的。而你的公司，也就是我们所创建的公司（也就是约瑟夫的新公司、你的新公司）必将成为一个传奇。同时，约瑟夫，你，还有肩负着创建“全球最成功的小企业”的使命的所有人都会成为传奇。这将是一个多么宏伟的故事啊！想想看，想一想……1 万个故事！

一个普通人何以能够创造出这样的传奇呢？他是怎么开始的呢？他如何能够想象自己会有这番成就呢？当这样一个理念驱使着一个人达到如此的成就的时候，到底是怎样的一种力量在支持他呢？这样的人的故事、这样的奋斗故事都是引人注目的故事。这样的故事的开头，与其他一切事情的开头并没有什么差别，都是从一种思想开始的。这种思想催生了一个公司，并使它最终成长为“全球最成功的小企业”。这一思想与之前曾经有过的其他思想大异其趣。这种思想是从一系列的问题中产生出来的。

在本书中，这些问题包括：我在做什么？我的生命的意义在哪里？我将要去往何处？这些问题会启发一系列的思考，而这些思考又会激发下一步的思考，从而形成一系列的感受。这些思想都彼此相关联，就如同一串光彩夺目的珍珠，就如同一针一针连接起来就可以织成挂毯一样，各种思想互相连接来就会形成一幅新颖的图画。这幅图画是你以前所不曾见过的。

对于观看这幅图画的人而言，对于你、对于约瑟夫而言，是一个许诺，许诺所有人：我们可以得到更多，可以看到以前从未看到过的图景，可以看到我们的生活在我们面前、在一个新的世界中完全展开。你的公司必须要一直生存下去，才能不断向前推进这个故事的情节。

## 秘诀 7：活出你的故事

如果你不能完全地活出自己的故事，那么你所讲述的这个故事最终将徒劳无功、化为泡影。而你所讲述的这个故事必须要由你的公司、你的团队和你个人演绎出来。这个故事从第一次开始讲述时就应该记录下来，而一旦记录下来之后，该故事的所有细节就必须通过行动演绎出来。

你的公司，你的“全球最成功的小企业”的每一个部件、每一个动作都必须活在这个故事里，都必须发生在这个故事里。同时，每一个部件、每一个角色都必须积极地参与到故事中来——不仅如此，每一个部件、每一个角色还要参与到公司的生活中来，参与到世界中来。而你，作为公司的创始者，就必须要在故事中、在公司中、在你的生活中演绎故事的主角。

不过，这个故事并非虚构的，而是像你一样真实的。你所演绎的角色、你的公司、你的故事所反复讲述的历史，所有这一切全都是真实的。你所经历的兴衰成败也都是真实的。这一切都如此真实，如此富有戏剧性，以至于有时候当你在讲述这个故事的时候，你都会惊讶于自己竟然真的做到了故事中所讲述的这些事情。这个故事就是你所要讲述的关于你的公司的故事，是你所创造、构建、培育的关于“全球最成功的小企业”的故事。

你必须要活出你的故事。因为如果你不这样做，这个故事就不是一个真实的故事；如果这个故事不是一个真实的故事，你的公司就不是一个真实的公司；如果你的公司不是一个真实的公司，你所生存的这个世界就不是一个真实的世界。

请注意我这一句话：如果你的公司不是一个真实的公司，你所生存的这个世界就不是一个真实的世界。如果这种情形真的发生了，你所说的一切就都没有什么意义了，一切都无关紧要了。

因此，如果你的故事要求你穿一尘不染的白色浆洗衬衫的话，那么无论如何你都要穿一件一尘不染的白色浆洗衬衫；如果你的故事要求你穿昂贵的海军蓝西装的话，那么无论如何你都要穿昂贵的海军蓝西装；如果你的故事要求人人都笑容可掬的话，那么无论如何你都要让你的身边聚集着兴高采烈、满面笑容的人——如若不然，你就要永远地闭上你的嘴巴。

你就是你的故事,你的故事就是你。你必须完全地活出自己的故事，否则你的世界就会从墙头掉落，落得一地碎片。

### 思维墙十九

“那些所谓的品牌故事，不过是虚假的造势而已。我要脚踏实地做企业，不喜欢那些弯弯绕儿。”

这是一些“很实在”的小企业家的想法。这个想法有什么问题呢？忽视了想象力对于企业的作用,把“愿景”当成了幻想。

### 拆墙法建议

你的企业在开始诞生的那一刻，一个故事，或者说，一个传奇就已经开启了。你要相信这一点，并要和你的团队成员用行动来描述这个故事。这个故事越精彩，越受人欢迎，你的企业在未来发展得也就越顺畅。现在，你需要用语言把这个故事抽象化、清晰化、完美化，这就是大企业家都在宣传的企业的品牌故事。

这个故事不是捏造出来的，而是描绘出来的，是以令人信服的方式把它创作出来的。所以，你在讲故事的时候要保持一致性，即不能虚构你的故事，你可以描述未来，但必须要用实际行动去完成它。而且，你要在和企业、受众的每一个体验接触点上都讲这个故事，让他们都真实感受到这个故事。要知道，企业需要身体力行其品牌承诺。

## 孙陶然点评

企业基业长青的理由是需求。所以，创业的核心是找到需求并生产出最恰当的产品来满足这种需求。这是一切企业的核心。创业从发现需求开始，而满足需求则是一个个里程碑。企业成功其实非常简单，只要发现一个未被充分满足的用户需求就可以成功。

在发现需求上，一定要区分真需求还是假需求，软需求还是硬需求。要寻找那些用户愿意付钱的真正的需求，而且最好是大多数人在大多数情况下的需求；要发现那些用户必须要的而非可有可无的需求。如果你提供的是大多数人在大多数情况下必须要用的东西，那么你躺着也可以挣钱，想不飞起来都难。发现需求之后则是满足需求。在这个环节，你必须清楚用户需要的是性价比而非性能本身，所以能不能用合理的价格为用户提供服务是成败的关键。

# 到底需要多少顾客才能让你撑下去？

微语录

#昆仑的仑#：伟大的企业是那些致力于通过自己的产品解决人的需求的企业，是那些改变人的生活方式的企业。

在法则四中，我们知道“全球最成功的小企业”不仅要在所有的经济条件下都要保持其可持续性，而且要在“所有的市场环境下向其所有的顾客提供有意义的、高度差异化的结果”。也就是说，你的结果和别人的结果有着本质的不同，比如酒业，当大多数企业单纯降低度数获取相对增长力和竞争力时，你的企业已经开始在香气、养生功能方面下工夫了。

你对这句话的理解完全正确。一旦你的企业已经孕育、设计、构建进而发展，就能够在任何地方生存下来，前提是有足够的客源来支撑你的企业持续运营。于是这就产生了一个问题：到底需要多少顾客才足以支撑一家企业的持续运营呢？并且，我所说的一家“持续运营的企业”仅仅是指1万家企业中的一家。任何一家想要增长“1万倍”的企业都必须向自己提出并回答这个问题。支撑一家麦当劳快餐店的持续运营需要多少顾客呢？一家希尔顿酒店呢？一家超美（Fantastic Sams）理发店呢？答案必然各不相同，不能一概而论。你的答案也必定与他人不同。

你的答案取决于你的商业模式，而你的商业模式又取决于你的理念，而你的理念又取决于你想要达成的结果。你希望你的顾客重复光顾多少次？频率如何？每次带来多少收入？这些问题的答案将决定你的交易区域，也就是地理市场——在该区域内，你的公司会拥有一批常客，平均会在X的时间里光顾一次。只要你能够在1万家店铺中的每一家都能够找到这个X，并严格地保持一致性，就如同从一个外形完美的帽子中变出一只兔子一样，这个X就会成为你的1万家店面赖以经营、成功并成为“全球最成功的小企业”的希望。

这一切之所以成为可能从帽子里变出兔子的戏法，是因为你已经依照万无一失的标准构建了一个满足法则四的、可以完美复制的模型。这就意味着，你的企业是一个系统——其中各个部件都十分精巧，并且可以互换使用。每个部件的设计都非常复杂、非常富有智慧，每个部件都是你那世界知名的拼图的一个零片。在这个世界上，所有人都知道：该拼图的零片和整个拼图的名字不是别人，而正是你！

## 办理公司注册手续

在中国大多数地区，公司注册的程序大同小异，一般分成如下步骤：

### 1. 企业名称核准

很多地方的“企业名称核准”已经开通网络办事通道了，可以通过网络注册用户名、填写公司名称、经营范围等。通常一天内会收到名称是否审核通过的反馈。如果通过，则下载打印通知单，然后到工商部门确认盖章；如果没有通过，则需要更换提交的公司名称，重新填写。

### 2. 租房、购房、编写《公司章程》、刻章、验资

如果是注册有限公司或股份公司，就需要经营场所。大多情况下，需要租赁或购买具备工商登记注册资格的办公用房，比如写字楼等，然后同房东签订租房协议并拿到房产证的复印件；如果是购房，则是由开发商提供房产证。

《公司章程》可以在工商局网站下载样本，适当修改调整一下就可以了。章程打印出来后，需要所有股东签名。

经过相关部门审核后，“刻章”这一步的就比较简单了。可以到街上找一家刻章的地方，或者在网上找，然后让他们刻“法人私章”即可。

“验资”的环节相对复杂，首先需要到会计师事务所领取“银行询证函”（原件），由会计师事务所确认盖章，然后带上

用于验资的资金、公司章程、名称预准通知、法人代表的私章、身份证、空白询证函表格等到银行开立公司验资户。开立好公司账户后，各个股东按自己出资额向公司账户中存入相应的现金。银行会发给每个股东缴款单，并在询证函上盖章。

拿着银行出具的股东缴款单、银行盖章后的询证函以及公司章程、名称预准通知、租房合同或房产证复印件，到会计师事务所办理验资报告。

### 3. 办理营业执照

验资之后，就可以到工商局领取公司设立登记的各种表格，包括设立登记申请表、股东（发起人）名单、董事经理监理情况、法人代表登记表、指定代表或委托代理人登记表。填好后，连同公司名称预准通知、公司章程、房租合同或房产证复印件、验资报告一起交给工商局。大概 3 个工作日后可领取执照。

### 4. 办理组织机构代码证

领取营业执照后，还要办理组织机构代码证，需要携带营业执照复印件、单位公章、法定代表人有效身份证明复印件与组织机构代码申请表到相关部门办理，一般 3 个工作日内可办妥。

### 5. 办理税务登记证

公司领取执照后，15 日内需要办理国税、地税登记证。

告诫 5

# 要创业，更要“创造”你需要的人才



创业法则五

**一家小企业应当是一所学校。所有的员工都是学生，所有人都有意愿、有决心成长。**

### 孙陶然点评

创业公司缺人，难招人，这是普遍现象。没有更好的解决办法，只能靠内部挖掘、自己培养以及领军人物亲自去找，尤其是高级人才。不要指望人力资源部能够帮你招到，不要以为猎头能够帮你招到，你必须亲力亲为。

# 为什么找不到最好的人才？

微语录

#昆仑的仑#：拉卡拉人才标准，也是我们选择干部的指标，1. 人：志同道合。2. 才：有悟性，会学习。3. 能力：能做成事，每件事都有结果。4. 态度：用心在工作，把公司事当自己事做。

任何一项伟大的事业都不可能由一个人完成，创业的首要任务就是创建团队、选择人才。约瑟夫是如何应对这一切的呢？如果是你，又将怎样应对这一切呢？

**你的新公司应该是一所学校：公司的每一个员工都是学生，所有人都有意愿、有决心成长。**

本法则的核心观念在于，我们所有人都是不完美的。而我们为了变得更完美，就需要有一种动力促使我们成长，以期超越目前的理解水平和能力，超越目前的知识水平和技能，改变看待问题的方式。这种完整性可以通过成长的欲望得以实现。这是一种增强我们的理解水平、能力、知识及技能的欲望，在上述几方面得以增强之后，我们对于自我、世界、生活、宇宙以及我们应处位置的看法也会得以加强。

### 思维墙二十

“我做企业这么忙，哪有时间完善自己？”“我现在性格已经成型，没法改变了。如果企业因为我的短板而不能发展，那也是我的宿命。”这些思维的错误之处在于否定学习，否定动态发展。在这样的思维状态下，你会停滞不前，你的企业自然也得不到发展的机会。

### 拆墙法建议

所谓“进步”，必须是一个不断学习的状态。作为小企业家，你必须要坚持不断地学习。这就需要你从现在开始就要学会自省，自省会让你发现自己的劣势，能帮助你培养积极学习的意识和习惯。

从表面上来看，单凭我们自己的经验而获得的对于小企业及其所有者的了解，想要让此类事情发生在一个小企业上似乎太过荒谬了。

如果在表面上看来这个法则如此荒谬，那么我们如何从这个法则中找到对于构建“全球最成功的小企业”来讲至关重要的智慧呢？

想要做到这一点，我们就必须更为深入地了解小企业所面临的现实以及那些每天上班以求维持生计的所有人面临的现实。在全世界的任何一个国家里，最为重复的、有序的现实都存在于小企业之中——成百上千的、成千上万的小企业。

目前，有超过 90% 的被雇佣者都在小企业里工作，其中包括个体业主。这些人把他们一生的大部分时间都花在“为维持生计而工作”上了。当然，他们也许不会只在一家小企业中工作，但基本上总是在某家小企业中工作，也有可能是在自己或他人创建的小企业中工作。日复一日，总是在不停地工作、工作、工作。

如果不能一边工作一边学习的话，就没有机会再接受什么教育了。

当然，这并不意味着他们就必须要停止学习了，这仅仅是说，在大多数情况下，大多数人都已经了解了在一家小企业工作需要具备什么样的知识和能力，否则的话就没有人会雇用他们了。对大多数小企业而言，维持现有的日常运营已经令它们无暇应付了，因而也就很难再拿出时间和资金来做别的什么事了。

就算有哪家小企业提供某些教育机会的话，充其量也不过是为了实用的目的而进行的。而且更糟糕的是，这些教育仅在这一家小企业才有实用意义。就算哪家小企业提供某些教育机会的话，也不过是为了提高生产力和绩效而已，也就是说如何在这家企业把你的工作做得更好从而为这家企业生产出更好的结果。

如果这种新的技能只是能够有助于员工在其他的小企业找到一份工作的话，这对小企业家来讲是要冒一定风险的。但实际上，很少有小企业家会冒这样的风险来为自己的员工提供这样的教育机会。企业家们都太忙于工作赚钱、养家糊口了，哪有时间考虑什么学习呢，更谈不上会投入多少时间和资金对员工进行教育和培训了。

### 思维墙二十一

很多小企业家不愿意为员工提供教育机会，最多，他们只是对员工进行一些本企业最需要的技能培训，因为这样可以不必浪费时间和成本。但其实这种做法很短视，不利于企业的长期发展。

### 拆墙法建议

你必须要把教育和学习贯穿你的企业文化之中。给员工学习的机会，创造一种学习的氛围，让员工学会主动学习，学习一切需要学习的知识。当然为了避免损失培养好的人才，企业需要树立一种健康而积极的企业文化，让企业的宏伟蓝图和员工不断提高的精神与物质需求相适应。

另一方面，约瑟夫可不会随便挑选一个什么老旧的生意就干下去。旧版约瑟夫已经做过那种事了——也就是修理汽车。不，不会的，约瑟夫（也就是你）是不会走上自己以前曾经走过的路的。你要做的是创建“全球最成功的小企业”，拥有1万家的经销店铺或商铺。

要想做到这一点，你就必须找到几个非同一般的人。你要找到那些有能力把1家经销店铺或商铺变成1万家的人。而且你要使他们创造出前人从未创造出的业绩来。但是，谁有这样的能力呢？那些在小企业甚至在大企业工作的人当中，谁有这样的能力能够把1家经销店铺或商铺变成1万家一模一样的经销店铺或商铺呢？

谁拥有能够实现这一目标所需要的理解水平、能力、知识、技能和视野呢？谁能够创建一家“全球最成功的小企业”呢？谁能够创建出有史以来最伟大的企业呢？或者甚至说，我们从哪里开始去找这样的人呢？我想，我们是找不到这样的人的，但是我们要“创造”出这样的人来。

### 思维墙二十二

“我必须雇佣优秀的人才，这样才能降低成本。我的企业负担不了培训菜鸟的费用。”

“只要我肯花大价钱，就能找到最适合我的企业的人才。”

优秀的人才不一定是适合的人才，所有的人才只有在企业中经历历练，和企业家的思想进行交流，达到交融的状态，才能成为最适合企业发展的人才。

### 拆墙法建议

你可以选择精英中的精英，但不要忘了一条：你必须选择那些愿意学习、愿意与你的企业共同发展并能融入到你的企业中的人。苹果公司的原首席运行官兼创办人之一、已故的史蒂夫·乔布斯曾经说过：“这不仅仅限于招聘。在招聘以后，要建立一个让人们感觉到和同等才能的人在一起工作的环境，而他们的工作远比其他人重要得多。感觉到工作将有重大影响力，所有这些东西都是长远清晰目标的一部分。招聘通常不是你一个人就可以做到的，所以我发现合作招聘以及为 A 级员工的招聘进行一定的训练是最好的方式。接受面谈者将和本公司最少 12 个不同领域、而不仅仅是和他所期望工作领域的人谈话。这种方法可以让你的 A 级员工更广泛地接触公司，并且如果他们觉得足够强大，也可以通过公司文化来支持他们——现有的员工可以否决候选人。”

即使你的企业还很小，人员还很少，这种团队的融合式学习也非常重要。

**孙陶然点评**

人对了，事就对了，企业价值观必须一开始就建立。事为重人为先，一个有战斗力的团队必须有共同的价值观，所谓人对了就是价值观一致，人不对出问题是早晚的。企业价值观的提炼与宣贯越早期越好，一定要天天讲月月讲，而且应该进入到企业的考评体系，考评权重至少应该占到30%。

# 让员工做“对的工作”

微语录

#昆仑的仑#：用人要想办法多用值得尊敬的人，这是避免遭遇问题的唯一途径。值得尊敬的人具备3个特质：1. 有责任心，用心工作志在最佳。2. 有执行力，凡事都能给出结果能成事。3. 学习型，有悟性爱学习会学习与时俱进。

企业成长法则五表明，你无法找到而只能创造出“对”的人，而想要创造出“对”的人就必须让他们进入一所学校。

一所持续的学校。

一所永不停止的学校。

一所持续学习的学校。

这些人以前所就读过的学校没有一所能够让他们为你的新公司做好准备。

这些人以前所就读过的学校没有一所拥有所需的知识或兴趣来把它们的学生培养成你和你的新公司所需要的那种人。

你所需要的人必须在一个全新的世界里成为领导者。

你所需要的人必须渴求着某种以前不曾有人想到过的东西。

你所需要的人必须是求知欲异常旺盛的学生。

你，还有约瑟夫，必须成为求知欲异常旺盛的教师。而你所教授的内容必须是经过特别的规划来满足你超凡脱俗的预期，满足你创建1万家店铺的需求的。这样，你就需要问自己下面这个至关重要的问题：你的学生们（也就是你的员工们）需要学习什么才能满足你超凡脱俗的追求和预期？我认为是“对的工作”。

> 他们需要了解“对的工作”是什么意思；
> 他们需要能够把“对的工作”做好；
> 他们在看到“对的工作”的时候需要明白自己看到的东西；
> 他们需要体验到做“对的工作”的那种感觉；
> 他们需要了解“对的工作”的结果是什么样的，也就是“对的工作”会产生什么。

你需要在学校里开设一门“对的工作”理论的课程。这是一门基础课，服务于其他以这门课为基础的课程。而且每一位新员工都必须要学习“对的工作”理论课程……甚至在他们成为新员工之前就开始学习。

这是你创建1万家店铺的理论基础。正是有了这一理论，你的店铺才能够与众不同，并且使得这1万家店铺成为“全球最成功的小企业”不可分割的一部分。

这是一种哲学辩证法，一种你作为教师将要和每一个潜在新员工进行的对话：引导他们了解1万家店铺的词汇，了解定义了1万家店铺的逻辑所使用的语言，并对1家小企业如何成为另外9 999家企业的标志有一些概念性的理解。这种“另外9 999个”的理论已经包含在“对的工作”理论当中，因为它描述了第一家店铺要想成为另外9 999家店铺的完美DNA所需要具备的条件。通过这所学校的培训，所有曾经在这里学习过的人、所有将他们在这里所学应用于实践的人、所有相信"对的工作"理论的人都能够讲同一种不同寻常的商业语言。你的员工们深信这一理论，他们会成为"对的工作"理论的大师——不管走到那里，不管碰到谁，他们都会宣扬这一理论。

很显然，这就是"1万家店铺"这个故事的核心。

我们曾经多次提到这一点。

你必须要学习"对的工作"理论，也就是说，你必须先要了解这个理论的内容是什么。你必须自己发明出这个理论，即便是现在，在我与你分享这个理论的想法的时候。你必须要开始设计如何将理论应用到实际中去，即便是我们现在仍在一同研讨这个问题本身。

你想要回答这个问题，就必须要问自己另一个问题："什么是'错的工作'？"如果有所谓的"对的工作"的话，那就一定会有"错的工作"吧。只有在你真正地了解到了"错的工作"能够带来的毁灭性负面影响之后，你才能够真正地体会出"对的工作"有多么美妙。

按照约瑟夫当前的理解程度（也就是你，亲爱的读者，你的理解程度），他是永远不会真正地了解为什么这个课程、这个"对的工作"理论对于1万家店铺的灵魂而言如此至关重要。

这让我想起了我为数不多的几次去加州In-N-Out汉堡店（美国加州最有名的一家连锁快餐店）用餐的经历。店里每天都挤满了人。这家店里卖的都是些最寻常不过的食物：汉堡、薯条、软饮料，仅此而已。还记得吗？最寻常的。就像禅师所说过的那样，毫不特别，即是有些特别。

店里的员工全都穿着白、黄、红三色的In-N-Out制服（他们的着装几乎是无可挑剔），他们全都在做着最为寻常不过的工作：切薯条、做汉堡、热面包、点餐、上餐、打扫卫生——和全世界所有其他餐馆的人做的事没有任何不同。但是，重点在这里：他们并没有像全世界所有其他餐馆的人一样做事。他们是在以 In-N-Out 所独有的方式在做这些事。看看这些员工吧。他们聪明，他们热情，他们清醒，他们都是独一无二的个体。

他们看上去精神焕发，每天都似乎是他们上班的第一天；他们看上去就像今天刚刚穿上崭新的制服一样；他们看上去因为穿了制服而显得非常骄傲；他们看上去都迫不及待地想要告诉你他们独特的体验；他们看上去就像是“In-N-Out 宝贝”，正走在 In-N-Out 的路上。而这条路是通往某一个地方的，一个非常重要的地方。他们每一个人都知道的地方。我们不知道，但我们可以理解。这也是为什么 In-N-Out 快餐店总有那么多顾客的原因。“食物，”有人说道，“是食物啊，迈克尔。”

但我可以告诉你，绝不是食物，而是学校，是他们在“In-N-Out”这所大学所学到的东西，是他们在店里一直能够学到的东西。这种东西能够激励他们走得更远。这也就是“对的工作”理论，而不是其他的什么。在“对的工作”理论的课上，我们将要学习如下科目：

存在。在这个课堂上，我们将会发现“在那里”意味着什么，某些人称之为你所在的“非理论性现实”。

采取行动。在这个课堂上，我们将会讨论各种不同的结果：被动的结果、主动的结果、国际的结果、偶然的结果……如果是偶然的结果的话还能称之为结果吗？如果不能的话，那应该叫什么呢？

关于时间这个主题。在这个课堂上，我们将会发现在生活中、在家里、在工作中经常搞不清楚的各种时间：详细时间、标准时间、运动时间、停止时间、没有时间等。时间并非由你来雕刻，而是时间雕刻了你。你与时间的关系定义了你在时间内的动作。你与你的动作之间的关系，定义了你所花费的这段时间的质量。

当然，这个世界是永恒的，不过这就是另外一个完全不同的话题了。这也是另外一门课程，我们很快就会学习的。

我是不是头脑有些不正常了呢？还是我在跟你开玩笑？不是，绝对不是，这一点请你相信我。我没有跟你开玩笑。

迄今为止我所说的每一个字都定义了我的“1 万所学校”的思想。也就是说，我在创造出“新”的时候，我已经不再关心“旧”的了，我已经不再感觉到无聊，我已经不再觉得没有什么新鲜的，我已经不再沉沦于无趣的旧世界——在那个世界里，我什么都看不到，什么都不能创造，而只能修理汽车。如今，我已经把这个世界抛在身后了。

曾经有一个朋友带着他长久以来都不曾感受过的激情告诉我，是我把他从沉睡中唤醒了。他在说“沉睡”的时候就好像在说一个将他禁锢了的处所一般。我能够感受到他想要表达什么。他的意思是说，过去的那段时间里，他根本没有在生活。他实际上并没有活着。

当然，那个时候他仍然在做着他给自己计划好的那些事。他的程序已经设定好了，只要去做就行了。但是他在做事的时候是没有生命的。大多数的时间里，他都“不在”。他不过是在无意识地、机械地重复某些动作而已。“对的工作”的理论实质就在于**保持清醒、保持活跃、针对某些我们从来没有讨论过的话题提出问题**。这个理论，其实就是要让我们以一种他人从未用过的方式提出问题。

### 思维墙二十三

有很多小企业家喜欢为自己的工作设定程序，然后按部就班地完成。这的确能提高工作效率，但程序一旦固定，就会让人处于一种麻木的状态，缺乏主动性思考，感知外界刺激的敏锐性也会下降。

### 拆墙法建议

要想永远具有激情，就不能停止思考。你要不断地刺激你的大脑，让它主动去发现问题、分析问题、解决问题。注意：这些问题不是关于工作细节的问题，而是新的发现，新的思维方式，新的思维方向。

很多人说：我每天都在思考，弄得自己非常疲惫。不，不，让你疲惫的思考绝对不是真正的思考。如果细心一点，你会发现，孩子每天都在思维，他能发现很多新鲜的东西，学会很多新鲜的知识和经验，而这对他来说，这种思考只会让他兴奋，一点也不让他感觉疲惫。有什么区别吗？其实很简单，区别就是新的东西。永远保持你的好奇心，你就会发现新的东西，学会新的思维方式。这一点对于你非常重要。

我们提出这些问题都是有理由的，但从前却从来没有人严肃地提出过，因为他们觉得他们已经醒了。其实，他们还处在沉睡的状态，但他们却并没有意识到自己睡着了；他们以为他们每天所从事的活动就是生活的意义所在；他们已经放弃提出这些问题的努力了——他们之所以这样想是因为之前从来没有人向他们提出过这些问题。

在“1万家店铺”学校里，所有的这些问题，还有其他许许多多的问题都将被提出、被挑战，而且每一个学生都要回答这些问题。这些问题不会以一种理论化的方式被提出，相反，这些问题会被真正地、真实地、正确地以一个醒着的人可以预期的方式提出来。学生们会受到启发从而真正地、完全地醒来。

我再问你一次：这都是一些什么样的问题呢？我在问你，同时我也在问约瑟夫，还有你——亲爱的读者。我请你们问问自己：“这都是一些什么样的问题呢？”并且要反复地问。

### 孙陶然点评

创业是一个系统工程，需要一个团队共同努力，管理的根本是通过人来做事，人对了事儿才能对，好的管理者应该把80%的时间放在人身上，让每个直接下属岗位都由胜任的人来担任。

# 提出“对”的问题

微语录

#昆仑的仑#：任何时候对任何人任何事都不能放弃自己的思考，至少问两层为什么，验证一下常识和逻辑，再决定是否同意。

- 区分时间的方法有多少种？
- 人们何以知道自己是否在做“对的”工作？
- 一个人何以能够同时既在睡着又在醒着？
- 什么是预期？预期何以能够影响结果？
- 为什么洞悉真理是可能的？
- 该怎么判定某件事是真实的还是不真实的？该怎么判定一个人对真理的印象是真实的还是不真实的？
- “相对的”这个词是什么意思？
- “绝对的”这个词是什么意思？
- “客观的”这个词是什么意思？
- “主观的”这个词是什么意思？
- 到底是“客观的”更重要呢还是“主观的”更重要呢？
- 历史是真实的吗？
- 我们怎么才能知道历史的真相和假相？
- 如果我们无法了解历史的真相和假相之间的区别的话，那我们怎样才能确定今天该怎么做呢？怎样确定今天该做些什么呢？

- “意义”这个词是什么意思？
- 一个公司意味着什么？
- 一个人意味着什么？
- 生命有意义吗？
- 如果生命有意义，那这种意义是什么呢？我们如何能确定其意义呢？
- 人们在做决策的时候需要遵循某种程序吗？
- 如果真的存在“制定决策的程序”的话，这个程序是如何起作用的？
- 如果并不存在“制定决策的程序”，那人们是怎么做决策的呢？
- 是否存在“正确的决策”和“错误的决策”呢？
- 人们如何辨别“正确的决策”和“错误的决策”呢？
- 人们是如何思考的？
- 人们思考的程序是怎样的？
- “结论”和“决策”之间有什么区别吗？
- “意见”和“事实”的区别是什么？
- 人们如何辨别“意见”和“事实”的区别呢？
- 人们如何辨别某一意见或事实是否是他人的强调性陈述呢？
- 人们如何辨别某一意见或事实是否是由自己所作出的陈述呢？
- “真实的”这个词是什么意思？
- “虚假的”这个词是什么意思？
- 人们是否真的会说真话呢？
- 人们是否会有意说假话？
- 人们是否有可能说假话而不自知呢？
- 即便某件事是假的，是否有可能会被人认为是真的呢？

- 对这个世界而言一个企业的存在有什么意义吗？
- 在某一企业工作的人们有什么意义吗？
- 某件产品的意义是否能得到客观的评判呢？
- “更好”这个词是否能够从道德上进行判断呢？
- 做生意是否有其道德现实性呢？
- 一家企业能够以道德为基础运营吗？
- “道德选择”和“伦理选择”的区别是什么？
- 人们会更倾向于作出哪种选择，“道德选择”还是“伦理选择”？
- 一个普通的高中毕业生能够有效使用多少单词？
- 单词的使用是一种道德现实性、一种伦理现实性还是说只对智力的一种测量？
- 标准的智力测试手段在你的世界里真的很重要吗？在我们的世界里呢？在他们的世界里呢？
- 是否有什么比智力更重要的呢？
- 加德纳（Gardner）提出的多元智力理论是什么？
- 所谓 8 种智力指的是什么？
- 我希望（或需要）我的员工具备哪种智力呢？
- 我如何确定潜在员工和现有员工应该具备哪种智力呢？
- 这些智力是可以后天培育的还是天生的？
- 情商到底是怎么一回事？
- 在经营企业和管理生活方面，情绪智力比智力或者领悟力更重要吗？
- 什么是“故事”？
- 什么是“神话”？
- 问这些问题的原因何在？
- “原因”这个词是什么意思？

## 思维墙二十四

大多数企业家，对于自己这所企业学校到底该教给学生即员工什么知识，并没有一个清醒的认识。同时，他们也不知道自己该如何领导这些员工。他们只是按照传统的观念进行管理，给予任务、进行监督、鞭策提高、检查结果。这非常糟糕，从根本上说还无法称得上是管理，它会无法留住已经培养出来的优秀人才，更不能吸引外界优秀的人才进入自己的企业。

## 拆墙法建议

密歇根大学商学院教授、通用电气前管理发展中心主任、全球领导力项目主任、领导力变革专家诺尔·迪奇（Noel Tichy）说，如果一个 50 人的网球队由你来挂帅，那么对如何打网球你就应该有一套自己的观点。

你的这套观点里必须有以下 4 个基本要素：

一是你有什么样的教学理念？对网球而言，就是要教他们如何打正手球，如何打反手球，打网球的规则有哪些等。

二是你的教学理念必须要有一系列支持它的价值观。即你的理念必须是站得住脚的。比如，作为网球教练，你要求学生穿着运动装准时到场，在训练中动作规范。

三是你是否能从感情上激励你的学生。即使有了理念，有了支持它的价值观还不够，因为如果你不能从情感上激励他们，这 50 名学员也不可能一周 5 天毫无怨言地拼命练习打正反手球，所以你还应该想办法激励他们。

四是作为一名网球教练，你就应该有棱有角，有自己的个性，即面临困境时有能力决策。

如果你把企业作为一所学校，你这个老师就必须要具备上面的素质，这决定了你的教学内容和教学方式。

其实，诺尔·迪奇特别强调的是，不管是在商业组织还是公共机构，出色的教学都不是单向的。因为教学不是布道，而应该是互动式的。所以作为小企业家，你首先要有教学观点，然后促进老师和学员之间的互动，即你得知道你的员工的需求，你得知道你的教学观点对于员工产生的是积极的还是消极的影响。这样，你才能在你的企业中形成教学相长的良性循环。

## 孙陶然点评

在我看来，企业的人才分为5层：

一是股东，股东决定了董事，一个好的董事会帮助CEO看得更远；二是领军人物，火车跑得快全凭车头带，每一个伟大的企业都是由一个伟大的领军人物创造的，选对领军人物也就成功了90%；三是班子，领军人物一个人领导的体制是有风险的，不管主动还是被动，需要为领军人物建立一个班子；四是团队，执行层是队伍战斗力的关键，带队伍的核心是带团队，班子的重要职责就是发现和培养人才，人对了事儿才能对，人不对事儿不可能对；五是员工，这是带队伍的另一部分工作，强大的团队+强大的员工才能组成一支强大的军队。

令旗一举三军联动，招之能来来之能战战之必胜。对一个创始人而言，如果选对了这5类人，就成功了一大半。

## 不会思考的员工不是好员工

微语录

#昆仑的仑#：要像考场上对待试卷一样对待自己的每份工作，认真处理每个细节并反复检查校正，让交出去的每张成绩单都体现出自己的最高水平和最佳态度。不能如此工作的人，上级无法信任。

当然，这一切都是在“1 万家店铺”学校的背景之下的。请记住我们这样做的目的。我们这样做是为了让我们的员工得以成长。

从他们听到了我们的故事并顺应自己的愿望成了你店里的员工的那一刻起，他们就希望成为你那非凡的故事中的一个角色。

当然，他们都心甘情愿、激情满怀地成为了“1 万家店铺”学校的一名学生。

当然，他们都心甘情愿、激情满怀地想要学习想要成长，成长到他们以前所未曾设想过的高度，成为专业人士，成为有思想的人。

因此，他们每一个人都会成为他们将在“1 万家店铺”学校中所学习的所有科目的大师。

他们从来没有听说过一所像我们这样的学校。从来没有。

他们还告诉我们说，从来没有人像我们学校这样教给他们所希望学到的如下课程：

关于生活的课程和关于工作的课程。

关于金钱的课程和关于管理的课程。

最重要的是，关于创业的课程，这个课程的内容如下：

如何创建自己的企业。

如何培养自己独立的技能，以及营销、管理和创业等技能。

如何思考——特别是如何思考。

如何创新地思考。

如何像一个领导者一样思考和行动。

如何超越目前的或原来的自我，成为专家级的成长者、专家级的认知者，在如何创建 1 万家店铺的各个方面都成为专家。

他们想要拥抱所有那些能够使创建“全球最成功的小企业”成为可能的东西，并将其内化。

他们为什么要在我们的学校里学习？

他们要学习普修课程，以及这些普修课程如何在我们这个拥有 1 万家店铺的企业中得以具体应用。

就如同我们已经讲过的一样，他们要学习如何思考。

他们要学会如何思考关系、体系及关系的体系。

他们要了解公司的每一个部件与其他的部件之间的关系，以及为什么理解这种关系非常重要。

他们要了解我们所定义的 1 万家店铺这个“体系矩阵”。

他们要了解为什么这个体系矩阵只是一个东西，而非别的很多个东西。

在这 1 万家店铺中，我们所能依靠的就是这 1 万家店铺的思想、逻辑、绩效在每一家店铺中的不断创造以及在每一家店铺的每一个人、每一家店铺的每一笔交易、每一家店铺的每一种关系中的不断创造。

他们要了解这一点是如何在每一家店铺的每一个简单或不简单的任务中得以反映出来的。他们要学会创建1万家店铺的方法。

**思维墙二十五**

大多数小企业家只是希望员工成为一个在本职岗位上尽职尽责的人，一个拥有高超技能的人。这是造成企业没有创造力的根本原因。优秀的员工不但要有超群的专业技能，还要有超凡的思考能力。能把企业的未来发展当成自己的事业，能站在企业的角度思考问题，能和企业家形成统一战线。

**拆墙法建议**

不必强制对员工灌输“忠诚”的概念，那没有用。你要提供一种思考的氛围，让员工看到他在你的企业中有不断成长的空间，即在你的企业中，他会迅速发现自己与众不同之处，迅速发现自己的潜能空间，这样，他自然会把你的企业当成他的事业，愿意在你的企业中，跟随你的思想，跟随企业的理念，去超越原来的自我，成为专家级的成长者、专家级的认知者，而且在如何创建1万家店铺的各个方面都成为专家。

他们要学习，就像他们在麦当劳学习麦当劳的方法一样；就像他们在In-N-Out学习在In-N-Out的方法一样；就像他们在星巴克学习星巴克的方法一样。每一个店铺体系（商店、服务中心、托儿所、办公室等体系）都根据其最佳商业设计模式及创业模式而掌握自己的一套方法。

如果没有这些独特模式，上述几家企业都不可能拥有攀到顶峰的能量、想象力及勇气。他们很可能到现在还只是一家卖汉堡的餐饮店、一家普通的咖啡店、一家寻常的汽修店而已。

在“全球最成功的小企业”当中，汉堡如何包装以及包装里面的货色都非常重要；地板什么时间清理、如何清理、清理之后的效果如何也都非常重要；使用哪些颜色、各种颜色如何搭配、颜色对顾客有哪些影响也都非常重要；柜台服务人员如何跟顾客打招呼以及说些什么也都非常重要。

事实上，在我们的 1 万家店铺中，所有的一切都很重要。否则的话也不会有 1 万家店铺了。绝不会。所有者必须要把一切都传授给学生们，而学生们也必须要学习和掌握。

如果没有学校，那么帽子里就没有了兔子；如果帽子里没有了兔子，那也就没有什么特别的东西可以传授给我们的员工了，而他们也就没有什么特别的事可以做了；如果他们没有什么特别的事可以做的话，我们凭什么赢得顾客的芳心和青睐呢？

因此，显而易见地，在学校里面，学生们要学习与帽子里的兔子相关的一切，并且要爱上那个故事。他们不但要学会如何把帽子里的兔子变出来，还要学会如何完美地、优雅地变出来。

从一个更为枯燥的层面上来讲，他们还要学习创新、定量和编排。他们要了解为什么“编排”会是我们所宣称的“全球最成功的小企业”背后的秘密武器，以及“编排”是如何成为这个秘密武器的。他们需要了解：编排意味着完善，完善意味着正确的东西，而正确的东西意味着我们所正在做着的“对的工作”方式是正确的，而且每一次都是正确的。

他们会爱上我们的时间掌控能力，这也是他们的操作能力。而且他们也会学到该如何做到这一点；他们也会在完成每一项微不足道的任务和每一项意义重大的任务的时候都能够这样做。学生们要了解每一分钟所具有的魔力。在我们的 1 万家店铺中，他们都要了解每一个程序的每一个具体细节和具体步骤是如何保证能够创造出魔力独具的一分钟的。每一个细节、每一个程序都要化繁为简——保持其独创性和新鲜感，这样我们的 1 万家店铺才能将之呈现给每一个人，并且所有人都会为我们所传达的信息以及信息背后的意义所吸引。

一个没有标准的世界是无法和 1 万家店铺所创造的世界相提并论的。我们会按照我们自己的标准来衡量和生存。而我们自己的方式也是唯一的相关方式，因为这种方式并不是我们自己凭空捏造出来的，而是由我们的顾客制订出来的。

我们的顾客是以他们的愤懑、他们的失望、他们的挑战和他们未曾满足的欲求来创造出这些衡量标准的。顾客们创造出这些标准之后就把这些标准告诉给我们，他们告诉给我们是因为我们请求他们这样做。我们请求、请求、不断地请求。

而我们的竞争对手们却不会去请求——他们会作出种种假设，但不会去请求。

而且就算他们提出请求，他们也不会真的听从顾客们的言论。他们没有这个时间，他们没有受过这样的教育，他们也没有这样的欲求。而我们在“1 万家店铺”学校中就已经积极澎湃着这种欲求了。

这就是伟大学生的真意……欲求澎湃。而这也正是我们在学校——“1 万家店铺”学校中传授给学生们的最重要的东西。

## 如何留住人？

经过多年的实践积累和众多管理咨询机构分析比较，发现员工离职较为集中在以下几个时间段：入职后的第 2 周、3 个月试用期届满、工作两年后。这就是所谓的“员工流失 232 原则”。

第一个“2”即入职后两周。为什么员工到公司两周就辞职不干了？因为经过两周实践后，员工证实了一个问题，即招聘描述和实际工作差距较大，有受骗上当的感觉。另外，他们常遭受部分老员工排斥，又因与上司不熟，不好意思主动沟通，因此会提出辞职。

第二个“3”是 3 个月试用期。为什么员工会在这个时间段离职？一部分原因是当初招聘时承诺的福利、薪酬、岗位晋升等条件，该兑现的都没有兑现，不能顺利转正，或者转正后的薪酬没有招聘时承诺的高，不能享有相应的福利。还有一部分原因是不适应企业的文化氛围，比如帮派化严重、上司不公平、公司规章制度不合理、变化太快、工作压力大且无人指导等。这样的工作环境再加上福利待遇没有得到兑现，让员工丧失了继续工作的信心。

最后一个“2”是两年。员工在一个公司工作了两年，俗称“老员工”。能在企业工作 2 年，至少员工是爱这个企业，喜欢这个岗位，且基本能够接受现有的待遇和文化氛围的。不过，每个人都有追求高薪酬高职位的期望。过了两年的时间，如果发现自己在现有工作岗位上难有突破，比如没有学到更多的知识，没有获得晋升，无法轮岗，不能加薪等，他们就会考虑更换工作和更具挑战性的工作岗位来获得更高的薪酬。

那么，如何避免“232 现象”呢？

第一，在招聘员工的时候，要实话实说，不要为了达到到岗率而对招聘岗位作夸张和不实的描述，更不能对不太可能兑现的东西轻易承诺。盲目的追求到岗率而又不得不面对大量的流失率无疑是一种犯罪，因为员工流失的成本是巨大的，所谓“滚石不生苔，流人不生财”。

第二，新员工到岗需要人力资源及直接上司不断观察和关心，了解其心理变化，让员工感受到自己被关心被关注，第一时间化解内心对企业的负面印象和消极情绪。要建立传、帮、带的培训原则，让员工知道自己该干什么，怎么干。对那些排斥新员工的老员工要做思想工作。要规定他们遵守 “三不原则”，即不说消极话、不做消极事、不当消极人，违背者将严惩不贷。

第三，尽可能满足员工转正后的相关福利待遇。对于不合格者，要认真与其沟通，让其认识到自己的不足以及与工作岗位要求的差距，心甘情愿地继续努力并争取尽早转正的机会。

要留住老员工，要做到以下几点：

### 1. 运用薪酬福利留人

设置薪酬每年递增制度，保持同行业具有竞争力的薪酬福利标准。对那些表现突出的优秀员工颁发年度奖金。

### 2. 文化留人

首先确定企业的使命、愿景、价值观，然后用各种方法把价值观输入员工心里，溶入血液中，最后再订出长期和短期的目标。这样，企业文化就产生作用了。注意要让这些价值观成为全员价值观，而不只是老板或者几个高管的价值观，否则就没有任何意义了。

用制度管人，而不是人管人，制订合理公平的企业管理制度和清晰的岗位职责。建立“以人为本，快乐工作”的文化氛围，让员工找到家的感觉。

另外，特殊的人才应采取特殊的政策，可把人才分为关键和特殊人才、后备人才。对前者采取特殊、破例政策，对后者采取鼓励政策。企业还要提供公平的竞争环境，让每个员工都觉得企业对每一位员工都是非常重视的。

## 告诫 6

# 打造可以自我生长的创业模型

The Most Successful Small Business in the World

创业法则六

**一家小企业必须要展示出它所赖以成长的崇高目标、它所想要实现的愿景和它所立志完成的使命。**

## 孙陶然点评

不要认为企业文化是大公司的专利，越是艰难的时候越要搞清楚我们的愿景、使命以个核心价值观和方法论。构建文化是缔造企业的一部分，创始人必须亲力亲为并亲自宣贯。

# 从“在哪儿”到“将去哪儿”的转变

微语录

#昆仑的仑#：创业方向的选择非常重要，广阔天地才能有大作为。男怕入错行女怕嫁错郎，一旦选择了错误的行业和市场，都会陷入“鸡肋”状态。

崇高的目标是一件既奇妙又危险的事情。有一次在我提到“崇高的目标”这几个字的时候，一位治疗师朋友用充满怀疑的目光看着我，仿佛我所讲的是正常人类知识范畴以外的东西（后来我发现，对我的这位治疗师朋友而言，所有人都属于“正常人类”）。

我的这位治疗师朋友认为，崇高的目标仅仅是一种心理现象。而且我可以想象得到，在这位治疗师朋友眼里，所有类似崇高目标的理念都是心理现象。我试图向他解释我的意思，结果却发现这比我一开始想象的要困难得多。

“我的意思是，世界上有些议题比较重要，而有些议题则不那么重要。”我说。

“一个比较重要的议题可能是一个问题：是什么使我们成为消费者？”“一个比较不重要的议题可能是这个问题的答案：因为我们买东西。”

“一个比较重要的议题可能是过一种有道德的生活。”

"一个比较不重要的议题可能是每年收入 10 万美元。"

"一个比较重要的议题可能是一次谈话，如同我们正在进行的这次谈话一样。"

"一个比较不重要的议题可能是一次关于橄榄球的对话。"

"一个比较重要的议题可能是婚姻的意义，从过一种有意义的生活的角度来看，我们为什么要结婚以及结婚意味着什么。"

"一个比较不重要的议题可能是夫妻之间的争吵。"

"所谓的更重要是对谁而言呢？"治疗师朋友问道。

"对于某个人而言，"他说，"橄榄球可能是全世界最重要的话题。而另一个人对橄榄球可能完全提不起兴趣。也就是说，'崇高'这个词对于你所说的这个人之外的其他人并没有什么意义。这完全是一件非常私人的事。这对某个人来说非常重要，对于他的生命中过去所发生的事以及当下正在发生的事都很重要。"

"是的。"我回答，"但我说的'崇高'是和一个人的价值观相联系的。"

"如果一个人把橄榄球当做最有价值的东西的话，那我想他的价值观最底层的景象必然惨不忍睹。"

"也就是说，如果他最在乎的只有橄榄球，那么他的生命也太荒凉了。""你怎么会这么讲呢？"我的治疗师朋友问。

当时我感到很不舒服，我想我们的对话恐怕不会有什么结果了。我的治疗师朋友为他的旧习惯所束缚，并没有真正地想要了解我的话的真实含义。但我却又忍不住，我必须要理解我自己的想法，必须要理解到底是什么促使我一定要让他了解到这个问题为什么如此重要。

在我看来，特蕾莎修女的一生就是拥有崇高目标的一生。穆罕默德·尤努斯的一生也是拥有崇高目标的一生。他们两个人都以其各自的方式，用他们的爱、关心和毅力减少了这个世界的苦难。我可以向你保证，他们两个人肯定都不曾谈论过橄榄球，或是昨天晚上看的电视喜剧秀。这并不是说他们没有较为卑下的本能和需求——我相信我们每个人包括他们也都有。

对于尤努斯来说，他现在仍然有。但重要的是，他们较为卑下的本能和需求并不会影响他们所走过的生命历程。我想，我们每个人都可能做到这一点。同时我认为，如果我们每个人都有这种可能，若不把这个问题探究清楚的话，我们都将付出沉重的代价。

我并没有和我的治疗师朋友把这个话题讨论明白。他看人只看他们是什么样的人，而我看人则是看他们可能会成为什么样的人。但是，这并不是说我看人时完全不管他们是什么样的人。相反，我会非常努力地去观察和发现他们是什么样的人，我每天都在这样做，不管是对我自己还是对他人。

如果我不这样做的话，我就不可能和他人沟通，不可能会理解他人，也不可能会激励他人超越自己的认知看到更远的地方。但是，我同时也看到了那些没有崇高目标的人和被崇高目标驱使的人之间的巨大差别，我认为这就是过去的企业家和今天的新企业家之间的差别。

过去的企业家常常被他们的员工搞得狼狈不堪，同时还不得不利用、迎合、刺激、恐吓他们的员工。随便读一则广告你就能明白我的意思。广告上说："今天，你该休息一下了。"顾客就会说："当然了。"广告上说："去做吧！"顾客就会说："我会的。"

我们可不会想到自己是如此容易受人操纵的人，但事实是，我们就是太容易被人操纵了。所谓的"消费者主义"（主张在自由竞争的经济体系里，消费者的主权须被重视，以确保消费者应有的权益。——译者注）无非是建立在过去企业家的恐惧和欲求的模型之上的。今天，99% 的公司（这是我自己的统计数据，而非任何其他人的）都是建立在过去企业家的那种“成为操纵他人的大师”模型之上的。

你对他人是什么样的人了解得越深入，你就越能够成功地操纵他们。了解这些是为了增加与他人沟通的有效性,能够更有效地说服他人，更能够了解什么手段对他们有效、什么手段对他们无效，而所有这一切也都是为了得到你想要得到的东西。巴甫洛夫的狗狗们也是如此，毫无差别。如果想要它们这样，就要那样。摇铃，喂食，喂食，摇铃，然后二者就紧密地联系在了一起。顾客并不比巴甫洛夫的狗狗们更聪明，反过来也可以这样说，巴甫洛夫的狗狗们也不比顾客更聪明。

难道我们真的会醉心于做这样的事情吗？当然了，如果我想要得到的仅仅是一种结果的话。但是，也许有一种比简单地刺激顾客来买某种产品或服务更好的结果。

也许存在着某种崇高的、更值得我们投入的目标。这就是新企业家在这个属于他们的时代所应该扮演的角色。**这种崇高的目标并非鼓动他人来购买，而是提供一种结果，这种结果是真实地服务于一个人，让他完成从“他们在哪”到“他们应该在哪”这一转变过程的。**一旦该结果的真实性被顾客所看到、所理解、所珍视（当做生活中非常重要的一部分），那么销售的目的就已经达到了。

但如果想要做到这一点，你所许诺的结果本身必须是可以达成的。新企业家已经不再接受“鼓动他人来购买”这种方式了，因为这种方式所造成的结果是，那些购买了该种产品或服务的大多数人，最终将与他们刚完成交易时处于完全相同的状态，并没有任何进步。

### 思维墙二十六

如果你的企业思维还停留在操纵、说服你的顾客来购买你的产品上面，那么你的营销就落伍了，这会使你的企业无法成为全球最成功的小企业。

### 拆墙法建议

你的企业必须要提供一种结果，这种结果是真实地服务于顾客的，能让他知道并且体验到怎样才能更好地享受生活。更重要的是，他怎样才能更好地体现生命的价值、生命的意义。就像下文中提到的穆罕默德·尤努斯和他的孟加拉乡村银行对于数以百万计贫苦的妇女们的意义一样。

这个结果其实就是你的企业所应该承担的任务，或者说，是你的企业必须要完成的使命。当你的企业愿景依附于这个使命，那么你的企业就容易得到员工的认可，容易得到顾客的认可，并能够得到高效地发展。

我曾经看过一位亿万富翁的电视直销广告：这位亿万富翁声称其开设了一门课程，而学习了这门课的学生们也能够成为亿万富翁，就像他一样。真的是这样吗？他的学生真的会变成亿万富翁吗？当然不会。没有一个学生会成为亿万富翁。但是，就我们这位亿万富翁而言，他已经教给了这些学生成为亿万富翁所需要知道的和需要做到的了。如果这些学生没能成为亿万富翁，只能说太令人遗憾了。如果他们不像他们的师尊一样果决、聪慧、坚毅和出人意表（过去是如此，现在当然也是如此），那只能说太遗憾了。他的这个课程每年收费竟然高达12 万美元！

你能想象得到居然有人会相信并且希望自己凭借此课程而成为一位亿万富翁吗？一个人要是相信这样荒诞不经的故事，想要花钱达成不可能达成的事情，那他一定是撞了什么邪了吧！我们这位亿万富翁之所以能够从帽子里变出这样一只兔子（而且竟然没有人意识到其实兔子和帽子都并不存在），其原因就在于他操纵了这些毫无分辨能力的人——他们希望达成不可能达成的事，他们不想看到皇帝原来并没有穿衣服，即使皇帝已经清楚地向他们表明他一丝不挂，他们也视而不见。

相反地，我们来看一看穆罕默德·尤努斯和他的孟加拉乡村银行（Grameen Bank）是怎么做的。我们来关心一下那数以百万计贫苦的妇女们。尤努斯向这些妇女们承诺帮助她们实现自给自足，并数以百万次地恪守了他的承诺。这是一种怎样的自给自足？这种自给自足意味着什么？

> 这意味着她们能够生产出自己餐桌上的食物；
>
> 这意味着她们有钱送自己的孩子们上学；
>
> 这意味着她们能够给自己的家人提供一个栖身之所（真正安身立命的地方，而不是临时凑合的住处）；
>
> 这意味着她们能够有尊严地生活；
>
> 这意味着她们凭借已经掌握的些许薄技，不必经过复杂的培训或转变就能够赚取以前所未曾设想过的稳定收入。

一旦某位已经习惯了贫苦生活的妇女发现，仅凭生活环境的简单改变（孟加拉乡村银行所促成的改变），她就拥有了满足自己以及家庭基本需求的能力之后，会有什么事发生呢？她会开始成长。与过去相比，她将看到更多。她开始感受到以前从来没有感受到的尊严。从来没有。她将有生以来第一次开始像一个正在成长的、有能力的人一样去感受。

穆罕默德·尤努斯的感受一定会非常卓越不凡吧！

在你开始追寻创建属于你的“全球最成功的小企业”这个梦想（像尤努斯一样）的时候，你的感受也一定会非常卓越不凡吧！

## 孙陶然点评

企业长久发展的基础是团队，一个对的班子才能制订对的战略，并带出有战斗力的队伍达成目标。但如何才能凝聚对的班子和团队呢？我认为核心是共同的价值观和共同的愿景而不是钱。为钱而聚起来的是团伙，因钱而聚必然因钱而散；为共同价值观和共同愿景聚起来的才是团队，是钱财所不能分裂的，是挫折所不能打到的。所以，作为企业的领军人物，必须为自己和企业树立起远大的革命理想，必须不断为团队指出更高的目标来激发团队的潜能。

# 可以自我建筑的5个阶梯

微语录

**#昆仑的仑#**：选择创业方向应该在个人爱好、个人特长及市场需求之间找到一个平衡点，然后专注于这个点。幸运的人可以兼顾3个方面，大多数人必须舍弃一些：求事业的倒着选，求生活的顺着选。

在我之前所写的《做大》（*E-Myth Mastery*）和《创建企业帝国》（*E-Myth Enterprise*）这两本书中，我提出了一个世界级企业的5种基本功能：启发、教育、培训、教练和指导。

> 经由启发可以获得一种顿悟、一个明心见性的瞬间。经由教育可以获得理解。经由培训可以获得应用。经由教练可以获得贯彻。经由指导可以获得持续改进。

同时，在《做大》和《创建企业帝国》这两本书中，我也提到了企业家需要具备的5种基本技能：集中、区分、组织、创新和沟通。

> 经由集中可以获得集中注意力的能力。经由区分可以获得知晓注意力集中到何处的能力。经由组织可以从混乱中创造出秩序。经由创新可以持续发现并实践一种更好的做事方式。经由沟通可以扩展你影响所及的范围。

在《创业必经的那些事》一书中，我阐述了企业发展过程的7个步骤：确定首要目标、确定战略目标、确定组织战略、确定管理战略、确定用人战略、确定营销战略、确定系统战略。

在《实现创业梦想》（*Awakening the Entrepreneur Within*）一书中，我详细地描述了**企业家有4种基本人格类型：梦想家、思想家、管理者和领导者。梦想家有一个梦想；思想家有一个愿景；管理者有一个目标；领导者有一种使命。**

当我们提到崇高目标的5个组成部分的时候，我们实际上是在把这5种基本功能、5种基本技能、企业发展过程的7个步骤，还有企业家的梦想、愿景、目标、使命组织在一起形成一个模型，这个模型可以像梯子一样自我建筑并达成崇高的目标。

我把这架梯子的5个阶梯称为崇高目标的5个组成部分。

## 第一阶梯：觉醒

我们在沉睡。层叠复杂的联想令我们困惑不已，让我们迷失了自我。我们并不知道自己在沉睡。我们被告知，我们的沉睡实际上是真正的清醒。我们认为自己是在按照有意识的选择而有所行动。但事实并非如此——我们的选择都是无意识的。我们的选择无非是由日常自动、机械地累积起来的联想创造出来的反应而已。这一切在我们头脑中制造出一种幻觉，让我们相信在作出这些事情的时候我们已经运用了智慧和思想，并考虑到了构成我们所谓日常生活的种种定式的因素。按照葛吉夫（Gurdjieff）和邬斯宾斯基(Ouspenski)在《寻找奇迹》（*In Search of the Miraculous*）一书中的说法：我们根本不是有意识的人类，我们都是机器，是自动机，是机器人——我们都在沉睡。

只有在我们能够真实地了解自己而不为外物所蒙蔽的时候，我们才能从沉睡中醒来。我们会发现，原来自己不过是我们的感受、反应、非创造性自主思想的俘虏。正如葛吉夫所说，或如电影《黑客帝国》（*The Matrix*）所指，我们确实都是机器。

我们都陷入到了错综复杂的相互作用所编织成的一张网里，我们并没有真正地参与这些相互作用，我们无法真正理解这些相互作用，我们对这个错综复杂的整体几乎一无所知。那么，在我们醒过来之后，在我们像葛吉夫所说的“记起自己”之后，会有什么事发生呢？我们就会突然间眼界顿开，头脑一片清明，同时心里有了“想要更加清醒”的欲望。我们要真正地成为过去自己一度以为我们已经成为的那种人，成为真实的自我。我们成为了自己的中心。我们是自己的“推动者”，而不再被外物所推动。

**思维墙二十七**

迈克尔一直认为我们都处于沉睡中，那么，到底什么才是清醒？前面我们已经说过需要让大脑不停思考，不是用现在的方式思考。因为现在的思考方式只是一种自然的感受，是一种由日常自动、机械地累积起来的联想创造出来的反应，是一种非创造性自主思想。

**拆墙法建议**

你思考的内容一定要是发自内心的好奇，是你最想探究的部分。而你最想探究的部分往往与你那潜藏着的天赋能力相一致。当你真正的用“我”在思考，为“我”而思考（可不是为利益而思考），你的思考才能深入，才能有的放矢。

当然，你还需要不断学习一些新式思维方式，你可以读一读哲学类图书，做做思维类训练，这些虽然看似与你经营企业毫不相干，但实际上却能为你改变思维方式提供最好的养料。

我在写下这段文字的时候，我想到了我对那个声称"要让所有人都成为亿万富翁"的亿万富翁的评价，心里充满了轻蔑。我是不是也在做同样的事情呢？我是不是也在想要把你变成你永远不会成为的那个人呢？我是不是仅仅为了写这本书而激起了你心中的贪欲、让你渴望得到更多呢？我是不是创造了某种大多数人都不可能实现的预期呢？我是否在已经知道你很可能连第一阶梯都不会迈上去的情况下，还如同那个亿万富翁一样，想要提供给你一样的结果呢？或者，就算你已经迈上了第一阶梯，你还会迈上第二阶梯吗？是否我也在沉睡呢？

我并没有在骗你。我是非常非常认真的，我相信你能够成就这一切。对，就是你！然而，我真的没在沉睡吗？

## 第二阶梯：发现

当然，我是在沉睡，时不时地。我不断地睡着，又不断地醒来。我的情形是如此，其他所有人也莫不如是。我不断地对周遭世界的影响和行为作出反应，并且被这些影响和行为驱使着，去感受、去思考。有时候，我几乎或完全不能控制我所感受到的东西，或是在头脑里兴起的念头。我了解这一点。

可是，还有谁了解这一点呢？

还有谁能了解这一点呢？清醒了的人是能够了解这一点的；那个清醒地意识到我的沉睡、我的反应活动现实状况的迈克尔能够了解这一点；那些在我的头脑中自主地升起的感受和思想（没有经过我任何有意识的干预）也能够了解这一点。一旦我了解了这一点，我就意识到、感受到我的发现已经超越了这一点——这是我对于自身的发现。因此，发现是清醒状态中至关重要的一个阶梯。在我们意识到自己了解了什么，并成为真正了解的那个人之后，这种状态还会持续不断地得以加强。虽然还没有恢复知觉，但至少是醒过来了。

## 第三阶梯：体验

一旦有所发现之后，我就开始有了一种全新维度的体验。曾经有一次，我处于这种非凡状态之中时和某个人有过交往，而直到35年后的今天，我依然能够记起那次经验带给我的感受。我知道，在那一瞬间，我们都处于那种状态。我了解我们真实的自我，我们站在那里，体验着属于我们的那一刻。我知道，这种体验从未有过。这太惊人了——在那一刻我们都被那种色彩、形状和能量所占据了。我们并没有做什么特别的事，我们仅仅是保持着“在那里”的状态。

### 思维墙二十八

迈克尔说的“在那里”的状态到底是个什么状态呢？很多人对此无法理解。这是因为我们从来没有脱离外物去看自己，没有脱离自己的欲望去看自己。

### 拆墙法建议

真正的改变方法不是去修正过去的思想内容，而是去发现自己。知道“菩提本无树，明镜亦非台，本来无一物，何处惹尘埃”这句禅宗妙语吧？这对我们做企业有什么关系呢？

当你把所有的东西都放下的时候，你的思维不会受紧迫的形式拘束，不会因为恐惧和压力而无法进行创造；你的思维不会受别人思想的误导，也不会受自己原有惯性的误导，而只愿意发现和遵循事物的真理；你的思维不会受利益的诱导而使自己变得目光短浅……

所以，发现自我，其实就是不断清零，让你始终保持一种超越现实的状态。因为那个以灵魂的形式存在的自我是不受时空限制的，其智慧是深不可测的。如果对于这些文字你还是不懂，

> 那么就问自己几个最简单的问题：我是谁？我到底来这个世界干什么？别排斥，这对于你创建“全球最成功的小企业”至关重要。因为你要据此发展出你公司的愿景，你要据此发展出你的企业目标。这也就是迈克尔想要告诉你的创业精髓。
>
> 有人说，这有点玄妙，无法理解，而且，那些成功的企业家从来不对人说这些，他们只讲最实际的创业技能。不，你错了，难道你没有发现：有些企业百分百地复制了成功企业家的技能后，还是无法像模仿的那个企业那样成功。为什么？
>
> 每一个成功的企业一定是一个与众不同的企业，每一个成功的企业家都有让人难以企及的思想，因为那是他自己，不是任何其他人。他们发现了自己，发现了自己的世界。所有的成功者一定会有这样的思维过程，或者说心理过程，只是大多数人无法察觉，无法把它用文字表现出来。

你也能想起类似的瞬间吧。没有轰轰烈烈，没有惊天动地，只是一种前所未有的存在感。而那种体验突然之间不期而至了，你无法解释它从哪里来，也无法说明为什么。而且这种体验也完全不能重复。这种非凡的体验从来都是想来便来，想走便走。想象一下，如果你能够创造出这种体验的话生活将是什么样子。想象一下，如果这些体验能够重复的话该当如何。想象一下自己想要成为什么样的人。我知道，我们能够创造出这种体验。我知道这是可能的。我知道我们每一个人都有可能做到这一点，拥有那种体验，成为真实的自己。

## 第四阶梯：内化

如果体验能够提升到某种罕能感受到的维度，那么下一步就是要将这些体验以及这些体验给我们带来的影响内化，从而把我们自身提升到另一个水平。我们在沿着这些阶梯逐级上升的时候，从觉醒到发现到体验到内化，我们已经在改造自己了。这才是生气勃勃的生活。

孟德尔·舒尼逊（Menachem M. Schneerson）拉比曾经说过：“跑吧！如果你不能跑的话，走吧！如果你不能走的话，爬吧！无论如何，都要向前、向前、向前！”当更为崇高、更为生机勃发的体验出现的时候，在我们进入到生活的另一个维度开始另一种生活的时候，我们已经开始与“我”建立了联系，这个“我”是我们真正的中心，是我们的灵魂，是“神”吹在我们身上的“灵气”，也是在我们周围活着的生命的灵魂。

我何以知道呢？我知道，是因为我有过那种体验。我何以知道那些体验意味着什么呢？我知道，因为我已经与我自己的生活建立了联系，并将之内化到自己不断运动的存在状态之中。而现在，在我写作这本书的时候，我已经 73 岁了。即便是现在，我仍然在创造一种新生活。我正在超越过去的自己，在体验新的现实、内化新的存在状态的时候发现新的可能性。然而，我知道，我仍在沉睡。是的，我正在觉醒之中，但仍在睡着。我在意识到自己已经觉醒、正在觉醒的时候仍在体验着沉睡。我体验着沉睡，并在内心发现一个新的自我的时候将此类体验内化。内心的自我正努力要超越我，但却仍未成功。

我已经 73 岁了，这个过程仍在不停地运动着。对你而言，情况可能也是如此。但是，前提是你必须不断地觉醒、发现、体验、内化，不断地向前跑、向前走或是向前爬，就像伟大的孟德尔·舒尼逊拉比所说的那样，一直向前。

## 第五阶梯：成为

我们将这些新的印象内化的同时，这些潮水般涌来的关于新生活（色彩、形式、能量、意义）的体验会将自己转变为“成为”——一种向前的运动，一种不断上升的存在等级。“成为”是一个过程。“成为”

是一种状态。存在的状态在“成为”的过程中不断向前，超越其在上一步达到的状态。这一过程永无止境。我们没有终点，我们总是在某个地方短暂停留然后重新出发。

所谓“到达”，总是会转变成一种熵，或是另一种形式的上升。熵是一种倒退，是灭亡。而上升是一种前进，是生机。我们不断前进去争取的东西其实是想象出来的，并不真实，但这种东西植根在我们的期望或希望之中。我们总是希望自己内心更为充实、有更为崇高的目标、不断地前进。然而现实却并不总是如我们所愿。现实是，只有那些真正在前进的人才确实是在前进。而我们并没有在前进。我们不是刚胎死腹中，就是已经沉沉睡去。我们一旦到达就睡去了，甚至在没有到达之前就已经睡去了。我们无论在哪里，都会睡去，紧紧抓住自以为已经达成的成就不放，殊不知我们早已失去这种成就了。

我们总是害怕会失去所拥有的东西，但事实上，我们一无所有。

那么你就会问：谁在前进？我内心里面那个向前行进的人是谁？我内心里面那个“成为”的人是谁？如果我想要成为的前进方向什么都没有，那么我会成为什么？这是一个没有尽头的过程吗？或者，如我所说过的那样，这是我们沉睡想象的一个片段吗？难道这仅仅是介于黑与白之间的、并不存在的、没有任何色度的某种颜色？

这些都是在我们一同走向下一个、再下一个阶段时你有可能会问到的问题。但是，即便并不存在一个我们最终会到达的地方，也总会有我们走过的地方。

一切都是运动。一切都是高升。生命就是永远不会到达。我们都在“成为”。我们都在成为自己的生命。这才是具有更为崇高的意义、更为崇高的目的，这不正是你的“全球最成功的小企业”要实现的目标吗？这是一种不断超越的状态。这就是我们的目标。

## 开店如何选址?

1. 家庭状况

家庭状况是影响消费需求的基本因素，包括：人口、收入状况等。如每户家庭的平均收入和家庭收入的分配，会明显地影响未来商店的销售。而所在地区家庭平均收入的提高，则会增加家庭对选购商品数量、质量和档次的要求。

家庭的大小也会对未来的商店销售产生较大的影响。比如一个由两口之家组成的年轻人家庭，购物追求时尚化、个性化、少量化；而一个三口之家的家庭（有一个独生子女），其消费需求则几乎是以孩子为核心的。

家庭成员的年龄状况也会对商品有不同需求。比如，老龄化的家庭其购物倾向为购买保健品、健身用品、营养食品等；而有儿童的家庭则重点投资于儿童食品、玩具等。

2. 人口密度

一个地区的人口密度，可以用每平方公里的人数或户数来确定。人口密度越高，则商店的规模可相应扩大。

计算人口密度，可通过计算白天人口来实现，即户籍中除去幼儿的人口数加上该地区上班、上学的人口数，减去到外地上班、上学的人口数。部分随机的客流人数不在考察数之内。白天人口密度高的地区多为办公区、学校等地。对白天人口多的地区，应在分析其消费需求特点的基础上进行经营。比如采取延长下班时间、增加便民项目等以适应需要。

人口密度高的地区与商业设施的距离近，可增加购物频率。而人口密度低的地区吸引力低，且顾客光临的次数也少。

### 3. 潜在顾客的数量

人来人往的地方，当然是设店的有利地方，但并非人多的地方就适合开店，还要分析一下主要是哪些人来往，客流规律如何。

首先要了解过往行人的年龄和性别，比如有些过路者是儿童，则他们可能是快餐店的顾客，但不会是服装店的顾客；其次要了解行人来往的高峰时间和稀少时间；再次要了解行人来往的目的及停留的时间。

### 4. 行人去向

店前经过的行人，有去百货店买东西的，有去戏院看戏的，开店的时候，应该根据人们去向的差异，选择适当的店址。

即使是同一个人，由于每次上街的目的不同，情况也就大不一样。例如，买必需品与买奢侈品的情形就完全不同。

### 5. 交通地理条件

店面附近的交通状况，会在很大程度上影响生意的好坏，因此一般的开店地点，都会考虑上、下班路线，特别是住宅区。在上班和下班时间，两旁的人流和车流呈现明显的差异，而几乎 90% 的店都比较适合开在下班路线上。原因很简单，上班时间大家都忙于工作，只有在下班的时候，才会有空从事采购、饮食等消费活动。

然而，并不是大马路旁边的地点才算是黄金位置，其实由主干道延伸出的巷弄内，也有许多适合开店的地点。而一般评估巷道内的黄金店面，多使用漏斗理论，即如果在同一个街口有数家商店，消费者通常会在回家的路程中顺道消费。因此，位于干道转进巷弄的第一家商店，会像漏斗一样，最先吸引消费者入店。理想的黄金地点，应该是下班路线右边的地点。

### 6. 购买力

家庭和人口的消费水平是由其收入水平决定的，因此，附近人口收入水平会对小店的地理位置产生决定性的影响。家庭人均收入可通过入户抽样调查获取。

如长沙西郊某商厦在选址的时候，就对周围一至两公里半径的居民按照分群随机抽样的方法，抽取家庭样本 3 000 个。经过汇总分析，这 3 000 户居民中，人均收入在每月千元左右的约占 50%；500 ~ 1 000 元的占 20%；1 000 ~ 1 500 元的占 20%。人均月收入 500 元以下的占 10%；人均月收入 2 000 元以上的约占 10%。由此说明，该地区居民大都是工薪族家庭，属于中等收入水平。

商店在选址时，应以社会经济地位较高、可支配收入较多的中青年顾客聚居的区域作为优选。

### 7. 竞争程度

如果商店经营的是区别度不大、购买频率较高的日用商品，且在同一地区同行过多，那势必会影响商店的经济效益，除非新设的商店有特殊的经营风格或不寻常的商品来源，否则很难成功。

当然，在某些环境中也并不完全如此，有些行业因同行都集中在一起，反而会形成一条别具特色的商业街。

所以，在选择经营地点时，要详细了解在该地附近有多少类似的商店，这些商店的规模、装修风格、商品品种、价格及待客态度如何，以及你的加入是增加竞争，还是互相有利等。

## 8. 8年内有何变化

选择店址时还要搞清楚城市建设的规划，既包括短期规划，也包括长期规划。有的地点就目前来看是最佳位置，但随着市场的改造和发展将会出现新的变化而不适合开店；反之，有些地点就目前来看不理想，但从规划前景看会成为有发展前途的新的商业中心区。因此，经营者必须从长考虑，在了解地区内的交通、街道、市政、绿化、公共设施、住宅及其他建设或改造项目的规划的前提下，作出最佳选择。

## 告诫 7

# 树立远大目标，收获就不仅仅是利润

The Most Successful Small Business in the World

创业法则七

**一家小企业乃是企业创建者头脑中崇高目标的结晶。**

## 孙陶然点评

在都梁的名著《亮剑》中，主人公李云龙曾经说过一段话：老天给了我指挥上万人作战的机会。的确如此，老天给你了你一副好牌，如果不力争打出大胜会遭“天谴”的。随着企业的成功，创业家能够吸引的客户越来越多，可以管理的员工越来越多，能够调动的资金和社会资源越来越多。如果再不去设立更高的目标、去做更大价值的事，将是巨大的资源浪费，也是对自己的不负责任。

所以，随着企业的成功，很多成功的企业家开始参与公益事业，开始拿出资金做天使投资，甚至著书立说，让自己更多回馈社会。这样做很好，正所谓“圣人立身、立功、立言”。

## 更重要的是为顾客提供什么附加价值

微语录

**#昆仑的仑#**：目标一旦确定，对所有人而言，任务就只有一个：在法律和道德底线之上不择手段达成目标，其他的一切都没有意义。那些喜欢讨论目标是否正确以及是否有更好目标的做法都是负能量，有害无利。

现在，我们来谈一谈这个“更高的目标”吧。这并不意味着我们前面所讲的法则都没有这一条法则重要。这不是重点，重点在于，我们前面所讲的那些法则都是为本条法则（也就是能让我们享受更好生活中的法则七）作准备的。然而，如果说我们的真实状态是在沉睡的话，那么就这一法则而言，我们应该也是沉睡着。

这些年来，我们耳边总有一个坚定的声音对我们诉说着重要的事情，但我们充耳不闻。我们允许自己变得既聋且哑、痴呆麻木，对我们自己未曾睡着的那部分的神圣之处毫无知觉。我们自己变成向下的力量，拉着自己与大地相连的部分下坠，并深受其害。这种野兽般的激情并非神圣的情感。这种野兽般的激情所蕴含的秘密只会拉着我们向下坠落。这种激情不会带着我们上升。这种激情会把已经上升的自我拉下来。

你会说，不正是这种激情在鼓动着你我不断地去创造吗？如果我们以自己的兽性的一面来进行创造，那么我们所创造出来的东西必然会体现较为低俗的情感，较为狭隘的人生价值；如果我们以自己神性的一面来进行创造，那么我们所创造出来的东西必然会令我们升华，给我们的未来制造更宽广的世界。你和我是这样，一家企业也是这样。

一家企业在某一时间内，既有可能服务于较为低俗的目标，也有可能服务于较为崇高的目标。但是，如果想要创建“全球最成功的小企业”，我们就必须从神圣的一面入手开始创建。此时此刻，就是我们作出这种选择的时机。

这意味着什么呢？是要你效仿穆罕默德·尤努斯的做法吗？是不是说要选择较为崇高的目标并避免较为低俗的目标呢？是不是要求你十分积极地去满足你最重要的顾客的需求呢……去提升他们而不是束缚他们？想想你在两种情形下所能售出的产品或服务吧。能够束缚顾客的产品都有哪些呢？香烟、烈酒、毒品、色情出版物等。

能够使顾客得到提升的产品都有哪些呢？教育、培训、启发、冥想、瑜伽、债务减免、信用修复等。当然，如果后者仅仅是为了让顾客们维持当前的思想状态，那么它们所能做到的也就仅仅是如此了。它们并不会真正地服务于更为崇高的需求，无法推动他们超越寻常的生活。

### 思维墙二十九

“我总是想为人民服务，我自己还怎么赚钱啊？我还算什么创业啊？”大多数企业家私下里都会这么想。

其实，所谓的“为人民服务”，并不是道德上对你的束缚，而是让你去发现顾客的正当需求，即可以使顾客得到提升的需求。当你把这种顾客的需求当成了自己企业的目标，那么你的企业从根本上说，就已经具备了持续发展的能力。因为从社会发展史上看，人类总是不断地提高自己的需求层次的，在达到自己的基本需求后，总是想要实现对社会、对他人的贡献价值。马斯洛的需求理论把这叫做“自我实现”。

### 拆墙法建议

去发现客户的正当需求，创造实现这种需求的产品和服务。当你的企业目标是依此而建立的话，那么你的企业宣传就会更有针对性，也更能吸引顾客的目光。就像你的员工希望在你这里看到他成长的空间一样，那些你的潜在客户每天都在寻找着能让自己得到提升的东西。

抛开道德的层面不说，你的企业应该能为顾客创造一种更有意义的生活方式，能让你的顾客体会到一种前所未有的喜悦感和幸福感。

再进一步说，你的企业在让你学会思考之外，也让你的员工学会了和你一起思考。现在，你要让你的企业能带动你的顾客也去思考，思考未来。当你的顾客也自愿加入了你的企业引发的思考潮流时，他对你就会是永远忠诚的，因为他已经成了你的企业的一部分。

对于上面这段话，那些已经开始创业的人可能更容易理解，因为他们每天都在思考着如何满足顾客的需求，却总是跟在顾客的后面，累得气喘吁吁，不得要领。当你换一种思维，站在了顾客的前面，为他指引方向，你会发现吸引顾客、提高顾客忠诚度将变得非常容易。

这并不难实现，你看看迈克尔在下文为你分析的穆罕默德·尤努斯的案例，就明白了。

因此，这些产品和服务之外应该附有其他的某种东西，某种除了其自身所蕴含的教益之外，能够带给顾客某种别的益处的东西。

它必须要传授一种新的知识，而不是一种旧的技能。

一种新的知识，能够说明为什么此种教育、此种培训、此种服务对他们而言何以意义如此重大。它将使价值得以增长。它将会增加一场关于过一种有意义的生活的对话。

它将传授某种其所传授的实用技能之外的某种东西，某种能够提供学习的基础的东西，某种能够引发学生提出问题的东西，而不是仅仅提供一个实用主义的答案。

这正是你在上学的时候学校所没有教给你的东西。

但同时也要理解，如果你仅仅是说教一番（你可能会觉得我正在说教吧）的话，你就会让学生们无所适从。你一定要传授给他们什么东西，但不是某种你能够、乐于、应该或已经传授的东西，也不是某种重要的东西。

以穆罕默德·尤努斯为例，他教会了妇女们什么是金钱以及如何使用金钱，同时还教会了她们什么是社区；他教导她们如何互相扶持，如何在社区内保持每一个人的诚信；他教导她们如何利用金钱为更崇高的目标服务，教导她们存在的意义；他指导她们如何做一个母亲、姐妹、女儿、妻子……指导她们如何做一个负责任的、有尊严的人。

但他的教诲不是通过大量的说教来达成的。既没有大棒，也没有胡萝卜或是某种纵容。他并没有曲意迎合他所服务的那些妇女，相反，他是真正地为她们服务的，他接受她们；他教导她们以尊严，他也以这种尊严来对待她们；他要求整个社区都要表达、塑造出一种真诚，他也以这种真诚来对待她们。

这就是我所谓的更为崇高的目标的含义。同时我也相信这也正是驱动新创业时代的力量。而这种力量必须由有意义（该“意义”一词应按其最深刻的含义来解读）的愿望来驱动。意义的最佳的表现方式是非凡的工作；意义应该由非凡的头脑发明出来；意义应该靠醒着的人们去努力追求。

### 孙陶然点评

不要为谋生而创业，更不要为那些华丽的大道理而创业，梦想是唯一的创业理由。另一方面也不要把创业想得有多神秘，多么高不可攀。创业只是一种生活方式而已，成功失败都是一种人生体验，要学会享受创业过程。

# 自主谋生，不是创业的充分理由

微语录

**#昆仑的仑#**：做事情最忌讳被过程带着走，甚至走着走着忘记了初始的目标。所以，每当要新增任务时，一定要首先审视一下初始的目标，问问自己是否还在正确的航线上。

我相信你已经在想着他了。我们在法则一里关于1万家店铺的讨论中提到了他，然后就再也没有提起他了。

事实上，我们每个人内心中的约瑟夫的要求都并不高。我们只是需要一个工作的地方，一个能给我们所渴求的自由的地方，不再受他人的控制。我们只是需要一个自己的企业。同时，我们在读这本书的过程中也已经认识到，我们内心中的约瑟夫所渴求的那种自由很不幸地不过是一个幻象而已——这种自由并不存在。

约瑟夫所渴求的那种自由令我们窒息，让我们无法动弹。这种自由对我们的控制比我们为他人工作时更甚。它要求我们必须要有一份最少能让我们感到安心的工作收入。它还给我们增加了另一种担忧：工资单，这本来是老板而不是你需要操心的东西。

但现在你就是老板。而我们所信奉的我们自己的小企业应给予我们的自由并没有到来。与所有自由一样，这取决于你。它要求你转变自己的行为方式，从一个雇员转变成一个企业家。在心理上，你内心中的企业家和员工是有着巨大差异的。**企业家并不需要自由，因为他**

**已经拥有了自由**。他创办一家小企业并不是为了获得自由，而是为了表达出他已经拥有的自由。一个企业家就是在这个看似不自由的世界里的一个自由的灵魂。当然，这个世界并非真的不自由，企业家从来不会这么想。但是我们所生存的这个世界就是通过控制的方式来运转的，因为如果失去了控制，它就无法做它需要做的事。它需要给我们规定生活的准则，直到我们能够创造出自己的世界。约瑟夫（你内心中的约瑟夫）所生活的世界控制了约瑟夫能做什么不能做什么，但仅仅是因为它需要这样做。

约瑟夫的问题在于，他痛恨这些控制，但又不愿质疑自己在这种控制中所扮演的角色。之所以存在这些控制，是因为约瑟夫还没有进化到一种能够理解控制背后的原因以及控制重要性的境界。结果，约瑟夫奋起反抗，他要自己控制自己，他要为自己创造出一份工作，他认为这样就可以摆脱那些控制了。对于约瑟夫来说，成为自己的老板的意义就在于此：摆脱控制。或者说，约瑟夫现在要自力更生了，不再受任何控制了。但是，约瑟夫所无法了解的是，那些在他的工作中让他无法动弹的控制与他本人并没有什么关系。当他辞掉工作、自己单干之后，他也无法将那些对他的企业而言至关重要的控制有效利用起来。同时，因为他无法有效利用那些至关重要的控制，他的企业往往会失去控制。约瑟夫本人也会失去控制。

这也提出了一个问题：工作意味着什么？

这又把约瑟夫带到了最原始的问题：我是谁？我为什么在这里？

如果约瑟夫想要获取足够的能量去探究更为崇高的目标、去追寻生活更为深刻的意义、去创建“全球最成功的小企业”、去开发一个将要改变这个世界的公司（也就是说，如果你我想要做到上述几点），这是至关重要的。简而言之，如果想要实现这个崇高的目标，这个问题必须要在约瑟夫的心中升起。这个问题必须要驱动着约瑟夫，并成为他念兹在兹的追求。尽管约瑟夫坚持自我，力图以自己的方式做自己一直在做的事。它必须要唤醒约瑟夫内心对自己的不满，并将这种不满加以强化。

这种不满不能仅仅是一种焦躁不安的状态，而必须成为约瑟夫的声音，必须由约瑟夫发出这种声音，而且必须对着约瑟夫发出这种声音，不管他是否知道如何发出这种声音，也不管他是否知道这种声音是从哪里发出的。在此之前——在约瑟夫知道、了解并深切地听到他的声音之前——约瑟夫必须为这种声音腾出空间，为在这种声音告诉他以前从未听过的东西时所发出的热烈的声音腾出空间。

最初，约瑟夫的声音是不确定的。在一开始出发寻找自己更为崇高的目标的时候，你是不会相信这种声音的，你也不会相信你自己。你会觉得自己是一个在陌生的土地上游荡的陌生人。但是，大体说来，在我们探究创业的法则七的过程中，我们也在探究着自己，探究着我们的生命的中心。我们在追寻着那个人，那个被选出的人，那个被赋予了某种命运的人。我们正在我们这些人当中寻找这个人，这个被赋予了创造一个新世界的命运的人。

你已经意识到这一点了吗？你是否已经意识到，你，这个正在读这句话的你，已经被赋予了创造一个新世界的命运？甚至在你出生之前，你就被赋予了这样的命运。当你的灵魂进入了母亲的身体的那一刻，当身体和精神相连通的那一刻，电的火花闪耀，你来到世间，这时你就已经被赋予了这样的命运。你是否已经意识到这一点呢？

我们现在正在进行的对话，这个从你第一次翻开本书时就已开始的对话，对你而言是最最重要的对话。你受到召唤，要去实践你的命运，去唤醒你内心的企业家，去激发你内心的创造者。你受到召唤，你要超越自己的舒适区，超越谋生的需求，超越身体的感觉，超越你所渴求的小小的满足，超越你以前曾经极为渴望的一切。

## 思维墙三十

大多数小企业家创业就是想要躲开被老板、被企业控制的命运，想要自由地为自己的生命提供生存与生活的保障。这其实是一种懒惰心理，一种寻求舒适的懒惰心理。这种心理对于企业家来说是毒品，因为他直接造成企业家的麻木思维，给企业制造发展瓶颈埋下了伏笔。

## 拆墙法建议

走出舒适区，不断创造，不断超越。超越谋生的需求，超越身体的感觉，超越你所渴求的小小的满足，超越你以前曾经极为渴望的一切。

诺尔·迪奇提出了一个“舒适圈”理论，他画了 3 个同心圆。如图 7.1 所示：

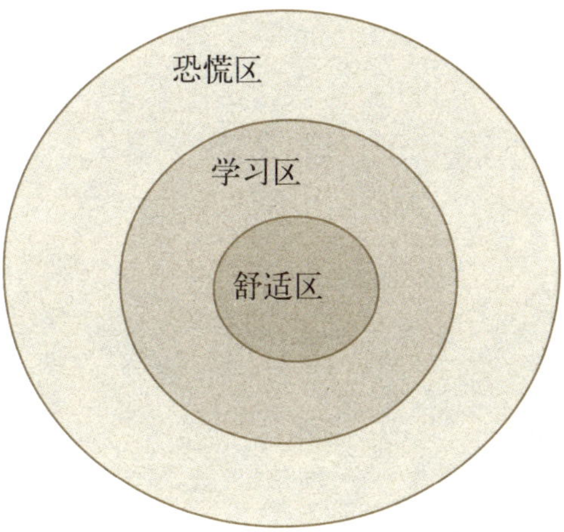


图 7.1 “舒适圈”理论

无论是生活还是工作，我们都喜欢待在舒适区：车会开就可以了，工作不出大错误就行了。但是，技艺的增长，必须在学习区完成。所以你需要走出舒适区，在自己能力的外围试探征服新的领地，但不能走到自己毫无所知的恐慌区去。

最理想的状态是将自己置于“学习区”，学习具有适当挑战性的东西，一段时间后，“学习区”会慢慢变为“舒适区”，“舒适区”越变越大,而以前的“恐慌区”也会相应变成“学习区”。

你要追求更为崇高的目标。

你来到这个世界上就是为了追求你生命的目标。

这是你的目标。

你就是为此而生。这就是你来到这个世上的原因。这就是你的命运。

## 创业者的压力管理

### 1. 学会自我调适，及时放松自己，保持心理的平衡和宁静

由于精神长期高度紧张，创业者应学会自我调适，及时放松自己。如参加各种体育活动；下班后泡泡热水澡，与家人、朋友聊天；双休日出游；还可以利用各种方式宣泄自己压抑的情绪等。另外在工作中也可以放松，如边工作边听音乐，与同事聊聊天、说说笑话；在办公室里来回走走，伸伸腰；打开窗户，临窗远眺，做做深呼吸等。

同时在复杂紧张的工作中，应保持心理的平衡与宁静。这就要求创业者养成开朗、乐观、大度等性格，要有宽容、接纳、超脱的心胸。

### 2. 合理安排工作和生活，制订切合实际的追求目标，正确处理人际关系

创业者之所以精神高度紧张，一方面是由于工作量大引起的，另一方面也和创业者自身处理问题的态度和方法有关。如众多创业者以为只有拼命干，才能让公司走上正轨。还有的创业者常常缺乏信心，担心被竞争对手超过。

另一方面，在工作方法上也有问题，如工作不分轻重缓急，事无巨细都亲自干，工作效率低。鉴于此，创业者应学会应用统筹方法，以提高工作效率。在工作和生活上，应有明确界限，累了就应充分休息，而不应惦记着工作。另外，要多参加体力活动，做到劳逸结合，脑力劳动和体力劳动结合。

### 3. 增强心理素质，提高抗干扰能力，培养多种兴趣，积极转移注意力

由于客观原因，创业者大多不得不处在一种工作压力较大的状态下，这就要求创业者一方面要积极调适放松，另一方面要积极增强自己的心理素质。如完善自己的人格和性格、控制情绪、以积极的心态迎接工作和挑战等，以提高自己的抗干扰能力。另外，创业者应有意识培养自己多方面兴趣，如爬山、打球、看电影、下棋、游泳等。兴趣多样，一方面可及时地调适放松自己，另一方面可有效地转移注意力，使个人的心态由工作中及时地转移到其他事物上，有利于消除工作中产生的紧张和疲劳。

### 4. 寻求外部的理解和帮助

创业者如产生心理问题，可经常向家人、知己倾诉，严重者可寻求心理医生的治疗。另外，还可以寻找机会，参加有关压力管理的培训。

# 告诫 8

# 寻找企业长青的生存价值

The Most Successful Small Business in the World

创业法则八

**一家小企业应当拥有自主的生命，**

**即找到自身生存的定位。**

## 孙陶然点评

只有创新才能创业。虽然有人推崇Copy，但没有一个伟大的公司是依靠Copy成功的，要想创出业，要想创始事，必须创新。只有创新才能打造企业的战斗力。产品创新很重要，但好的产品未必是市场上成功的产品。企业的股东构成、组织结构、渠道政策、推广方式皆需创新。

# 存在感即竞争力

微语录

#昆仑的仑#：创新是成功的唯一捷径。对新创企业而言，创新更是唯一的胜机，企业经营和管理的方方面面皆需创新、皆可创新。

如果说在企业成长法则七中我们是在追寻自我，那么在法则八中我们就是在追寻自我的来源。我们在追寻着那个创造了我的"至上之神"现在，我们从最简单的开始，说说"全球最成功的小企业"和它的"自主的生命"。

无论如何，你应该不会对"全球最成功的小企业"拥有自主的生命（就像你一样）这一说法存有什么疑虑吧。若要成为"全球最成功的小企业"，你的公司必须拥有一种存在感，并且要通过行动把这种存在感表达出来。它必须说它自己的语言，从而与所有其他公司区分开来。这种语言使得它成为一种具有独创性的生命形式。

任何一个达到了此种卓越程度的公司都有这样一种存在感，都会表现出这样一种姿态，并且拥有这样一种声音。

微软如是，苹果如是，沃尔玛如是，麦当劳亦如是。并且，尤为值得注意的是，上述几家企业都是在大量的竞争对手参与竞争并生产大量的相似产品的情形下出售自己的商品、创立独一无二的品牌的。

这几家企业何以能够达成如此高水准的绩效并成为如此伟大的企

业的呢？它们是如何成为世界上最成功的企业的呢？它们与其他企业有什么不同呢？

以苹果公司为例。答案就在于它的创新性风格、它的外观、它的声音、它的功用以及它带给人的感受。任何一个对苹果产品上瘾的人应该都能理解我的意思。他们会告诉你苹果是如何鹤立鸡群，还会加上许多精彩的细节——他们已经爱上苹果了。而微软公司与顾客之间的关系却又完全不同。微软拥有一种力量。而这种力量是苹果所不具备的（尽管有那么多人爱着苹果）。微软的战略就是要获取力量并成为所有人中的老大。在这个过程中，微软成为了业内最强大的公司。

苹果的战略是争取顾客的宠爱，保持一种令人垂涎的姿态：仪态万方、令人愉悦、好玩有趣、创意十足。在这场由微软主导的游戏里，苹果本来是毫无胜算的，然而苹果还是活了下来。虽然它的很多竞争对手都倒下了，但它并没有被摧毁。它守住了自己的阵地。

于是，苹果和微软这两家伟大的公司共存于电脑市场上，各自拥有着截然相反的战略。这两家公司都是其创始者一手栽培出来的，都是其各自的创始者史蒂夫·乔布斯和比尔·盖茨的人格完美反映。

戴尔公司的故事又与以上两家公司截然不同。戴尔的策略是直接走向顾客，为每一个顾客提供低成本的客户化解决方案，利用一个标准的流程完成看似不可能完成的任务。

在戴尔公司的案例中，我们要注意到一扇门。顾客一进入这扇门（可能是通过互联网、电话，或是直接进入戴尔的实体店）内，立刻就会受到客服专家的接待。这些客服专家都经过专门的培训，能够快速地发现顾客是谁、需要什么样的应用软件程序以及电脑需要具备哪些特色才能满足顾客的需求，并且参照使用者的经验、专长和预算为顾客提供量身定做的解决方案。而在客服专家的背后，则是大量的储物架，上面摆满了各种模块、方案和应用程序——将这些模块、方案和应用程序按照顾客的需求和个性要求组合起来就形成了一个完美的解决方案，这个最终结果将满足顾客的需求和愿望。

看吧，在顾客下单付款之后戴尔是如何将客户化并且标准化的产品组合到一起的；看吧，戴尔的客户化的解决方案是如何从流水线上实现并备妥待运的；看吧，戴尔如何安排快递公司的卡车在最短的时间内严格按照承诺、完全符合顾客预期地把产品送到顾客手中的。

戴尔公司就是一个系统。不管顾客是经验不足的新手还是经验丰富的老手，该系统都能够满足任何一个顾客的任何需求。戴尔的顾客中有老手也有新手,这与电脑本身无关。电脑都是为特定的人群定制的，一款电脑并不能适合所有人。

正是凭借这种方式，戴尔才能够将自己与其他的竞争对手相区别。它能够理解顾客的郁闷和欲求，并以自己的方式、自己的价格来满足他们，这是所有其他的电脑公司所从未做到的。

从某种意义上而言，汉堡王（Burger King）也正是通过这种方式来将自己与麦当劳区别开来的。“我选我味”——汉堡王如是宣称。请大家看看，顾客是如何走进汉堡王的店里，如何走到柜台的前面，如何为一种标准化且客户差异化的产品下一份特殊的订单——这是属于他们的汉堡，完全按照他们的需求定制，而且价格大大低于在一家普通餐馆买完全相同的汉堡的价格。当然，你如果在麦当劳用餐，你是不能“我选我味”的，你只能选“麦当劳的味”。麦当劳曾经在餐饮业引发了革命性的变革，而那些喜欢去麦当劳用餐的人们选择麦当劳是因为他们喜欢上了“麦当劳的味”。他们希望麦当劳就是麦当劳的味。

当然，还有沃尔玛。沃尔玛有几万的雇员，沃尔玛的顾客多达数千万，沃尔玛每年都以指数的方式增长，每一年都有长足的进步。

沃尔玛何以能够做到这一点呢？他们是如何选定店里出售的几百万种产品的呢？他们何以能够在几千家店面出售这些产品时拥有如

此惊人的预见性和难以置信的掌控能力呢？他们何以能够每天都在方方面面持续不断地、无懈可击地创造沃尔玛故事，从而使其几百万的顾客持之以恒地选择沃尔玛作为购物首选地？这种日常购物的方式不是太不寻常了吗？

上述的每一家公司——苹果、微软、沃尔玛、戴尔、麦当劳，还有很多其他公司——都以其各自的方式成为了“全球最成功的小企业”。他们发现了（或者说创造了）自己的方式，在它们独一无二的世界里以其独一无二的方式成为了独一无二的故事。它们都拥有自己的独立的生命。

### 思维墙三十一

为了省力，也为了降低风险，很多小企业家喜欢复制和模仿业界成功的企业。这种做法，让他们获得了一定的利润，但却很难让自己的企业长大，很多企业在赚了一笔钱后就无以为继。

### 拆墙法建议

把你的企业作为一个生命体，去塑造这个生命体的灵魂。记住：一定要找到你的企业与众不同的地方，无论那是什么，只有那个新的重塑的灵魂才是维持企业生命力的根本。

如果你能够生活在这些公司的内部、成为这些公司的一部分并发现这些公司的灵魂的话，你就会了解到它们之所以能够做到独一无二的真相，了解到它们个性化的、创新的、特别的形式之真相。

### 孙陶然点评

做人也好做企业也罢，唯有取法其上才能得乎其中，甚至唯有放弃才能获得。正如高尔夫球，要想打得远诀窍是不发力，要想打得直唯有不抬头看方向。做人唯有不追求眼前的钱才能挣到钱，唯有追求精神境界才能获得物质上的成功。

这些，都是同一个道理。我们必须看得更高更远，看得更深，直至生命的本质。人生就是一趟修行，更多地关注自己的内心吧，更多地追随自己内心深处的呼唤吧。

# 发现你内心深处的企业家

微语录

**#昆仑的仑#**：“先问目的”是怎么强调都不为过的方法论，问得越早越彻底，战略会越正确，结果会越好。

此处所谈的内容也许并不是那么显而易见，但对于我们目前所讨论的话题而言却是至关重要。

在上所述的实例中，各创始人（即企业家）在一种“至上之神”力的召唤下创立了如此非凡的企业。光是想一想这些企业在创立时所需要具备的能量，就让人咋舌，那确实是只有少数人才有的体验。

这些企业的规模远远超过了我们的想象。即使仅仅想象创立这样一个企业所需具备的能量，也是超乎我们的想象的。

我们所有人都已经精疲力竭了。我们都一直在试图过自己的生活，过我们的寻常的生活，努力“维持生计”的生活，努力支付按揭的生活，努力抚养孩子的生活，努力做一个好丈夫或者好妻子的生活，努力出人头地并勉强维系的生活。每一天、每一小时我们都在做着这样的事，又何以能够设想如同那些公司一样创造出一个世界级非凡的事物的可能性呢？

如果我们不能设想这样一个世界级非凡的事物的话，我们就难以发掘自身的潜力，我们的大部分生命能量都会处于闲置之中。

几天前的一个早晨，刚刚醒来，我的头脑就被这个问题所占据了——这种情形以前并不多见。这是关乎缺乏感知自身“至上之神”力的能力的问题。在梦中，我和一个朋友进行了一次对话，话题是关于“至上之神”的。我没有意识到“至上之神”的能力，我更没有意识到自己具有发现这种“至上之神”的能力。现在我之所以在谈论这个问题，我想一定是这个梦引发了我的思考。我醒来后不禁思索这样一个问题：如果“至上之神”存在——现在我绝对确定“至上之神”存在，那么我与这个现实有什么关联？我如何才能了解“至上之神”到底是什么？

几个月前我就决定要在本书中写下这一课，并且法则八是我们每个人都需要面对的挑战。我知道，我写这本关于创业的书，关于“全球最成功的小企业”的书，是不可能不涉及这个话题的——这个在创建全球最佳的企业当中有关“至上之神”的话题。

但是，我要写些什么呢？又从何写起呢？

在那天早晨醒来的时候，我就已经意识到关于“至上之神”的话题是超出我的表达能力之外的，更不用提关于“至上之神”现实性问题了。这超越了我们所有人的理解能力。我的头脑无力应对这个问题。我的头脑所不能理解的是：看见世间万物的创造意味着什么、了解世间现有的一切的创造意味着什么、了解关于“至上之神”的可能的真相意味着什么（“至上之神”在世间万物——地球、宇宙、恒星、黑洞、银河系，以及你在望远镜或显微镜下能看到的所有的一切——在你存在之前就已经存在了）。这一切都蕴含着太过超凡的意义，你我是无法真正理解的。我们怎么可能了解到“至上之神”是什么，或者谁才是“至上之神”呢？

这并不是说我的头脑无法领悟“至上之神”这个观念，而是说这个整体的我不能找到与之相联系的地方。唯一留下的，我唯一能够感受到的，就是一种难以置信的敬畏感。而且，就在我写下这些话的时候，我感觉自己像一个孩子……一个孩子，那个在孩提时代初次思考“至上之神”这个话题时的孩子。

我们谈论着“至上之神”，我们装作向“至上之神”祈祷，我们装作相信“至上之神”，但我们在生活中却并没有对“至上之神”心存敬畏——我们并没有体验到“至上之神”的广大无限性，以及超越广大无限性的其他属性。我们也从未问过“至上之神”何以是广大无限的。我们仅仅是接受而已，因为我们信奉的宗教告诉我们要这样做，告诉我们“至上之神”存在，告诉我们“‘至上之神’创造了这个世界”，告诉我们“至上之神”就是“至上之神”。

但那又意味着什么呢？抛开宗教来说，因为有很多人对宗教并没有什么想法，又有什么意义呢？“‘至上之神’就是‘至上之神’”这话是什么意思呢？你我何以能够理解“‘至上之神’就是‘至上之神’”这个观念？为什么这对我们所提出的关于“全球最成功的小企业”的问题如此重要呢？

我们必须提出这个问题。我知道这一点。为了能够创建“全球最成功的小企业”，我们必须提出这个世界上最重要的问题，也就是“至上之神”这个问题。我不是要为你灌输某种宗教思想，我想告诉你的就是一种超越一切的思维方式。

我们必须提出这个问题，因为创业的十大法则要求我们这样去做。与任何寻常的企业所要求于我们的相比，十大法则要求我们向更高更远的地方思考，从更宽更广的地方开始行动，并且要坚持更长的时间。

为了创造出世界历史上人类所创造出的最为超凡的成果，我们必须向自己、向我们的员工、向投资者提出这些问题。

我们必须超脱自己，我们必须超脱人类的意义，我们必须超脱寻常知觉的驱使。我们必须超脱自己的需求、利己之心、贪欲以及渴望。

**不论做任何事，我们必须要为所不可能为。**我们必须要问问自己：“至上之神”会令我们如何行事？

### 思维墙三十二

“宗教这个问题，我可不想考虑。”

“我不希望受到宗教思想的束缚，被一些道德观念所左右。”

在中国，大多人只有迷信，没有信仰。创业的人可以去寺庙烧香，却不愿意静下来听听佛教思想；可以去道观里跪拜，却不愿意深思道家思想的精髓。著名的哲学教授邓晓芒在《中国人为什么没有信仰?》一文中指出，中国人“没有真正的信仰，是因为我们没有独立的个体，没有内心独立的精神和需要”。

这种没有信仰的精神状态对我们最直接的伤害，就是让我们失去了灵魂。没有了灵魂，我们就不用为道德负责，但同时，我们也失去了发现自己的机会，尤其是，我们丧失了超脱自己的能力。

### 拆墙法建议

这当然不是在对你进行宗教宣传，你可以不必成为某种形式的宗教教徒，但是你一定要有一种“至上之神”的概念。那是你思考自我这个生命形式的根本出发点，也是你思考创业这个现实问题的基石。

**1. 你的思维不能停留在“自我”上。**虽然我们前面一直强调要发现自己，但是发现自己必须要在一个更广阔的空间内才能实现。而这个能为你提供更广阔空间的，就是迈克尔说的“至上之神”。

**2. 发挥你的潜能。**这个“至上之神”不是遥不可及的上帝、天主，不是一个假定的神，而是潜藏于你内心中的“神”，是你的潜能，是你的创造力。自我和“至上之神”具有相互促进的互动作用。

**3. 学会敬畏，那么你就不会走入更深的危险之地。**没有敬畏就没有界限，没有界限就没有安全防范，所以，敬畏决定了你的企业的安全性。

**4. 愿意去探索神秘，发现偶然中的必然，创造必然中的偶然。**这样，你的企业才更加别具一格，你的企业灵魂才更独特。

想象一下，如果我们严肃地思考这个问题，如果我们对这个问题不能释怀，一切将会如何？“至上之神”会令我们如何行事？

在我写下这段文字的时候，我和母亲海伦、父亲哈利的照片正挂在我的电脑上方。我看到了我微笑着的面庞。我记得那天父亲是多么的骄傲：我能够在照片里看得出来。我记得自己当天是多么兴奋，因为我已经满 13 岁，因为我已经完成了学习，因为我已经履行了自己的服务，因为我让父母感到了幸福。但是，在那张照片中，“至上之神”在哪里呢？

在我和你交谈的此时此刻，我知道 “至上之神”就在那里。然而我同时也知道，那张照片中的人都并不知道 “至上之神”在那里。也许某些人——我的家人、我的朋友或是我周围的其他人知道“至上之神”在那里，但当时我并不知道。我看不到。拍照当时我看不到，在整个准备拍照的期间内我看不到，照片拍完之后我也看不到。“至上之神”在那张照片里吗？为什么当时我看不到呢？到底如何才能让当时的我看见“至上之神”呢？到底如何才能让我在接下来的 60 年内每天都能看见“至上之神”：这个超越了人类意义的“神”呢？

### 孙陶然点评

创业带给人最大的人生改变是自由和自我实现。当你能够全身心投入到自己的梦想之中，当你看着随着你和同伴的努力，你那些被人质疑的梦想一天天变为现实的时候，那种满足感，是沉甸甸的。伟大的创业都源于伟大的梦想。

# 创业也要有信仰?

微语录

#昆仑的仑#：人生的问题就3条：1.想清楚自己想要什么。2.只要自己最想要的。3.愿意放弃自己要不到的。

若要创建一家拥有1万家店面的公司，或是一家像苹果、微软、戴尔、麦当劳或沃尔玛一样的公司，对你而言，仅仅相信世俗的现实是不够的——仅仅是想要赚很多的钱、想要财务独立是不够的。若要创建一家拥有1万家店面的公司，也就是我所说的“全球最成功的小企业”，你必须要拥有一个比现有的动机更为崇高的动机：你本身并不足够，你永远都不足够，你并非简单地经由个人成长而成为的你自己。即便只是思忖一下我们所设想的这个卓越的事物，你也一定是被本初的造物主、万源之源——我们所称的“至上之神”、万物的无限之源所触动过。

再重申一遍，我并没有在谈论宗教，我只是在谈论一切宗教的本源。我是在谈论在我的照片上没有看到的东西，我是在谈论我的生命中所缺乏的东西。一个不可更改的事实是：“至上之神”一直都在那里。如果他没在那里，我们就不会在这里。如果他不曾出现在那张照片之中，那么就不会存在曾有“至上之神”曾出现过的照片了。如果在上述所列的伟大公司的创始人中间不曾出现过“至上之神”，那么这些公司就没有存在的可能了。如果“至上之神”不曾出现在你的心中、在你的想象之中、在你想要创建“全球最成功的小企业”的欲求之中，那么创建“全球最成功的小企业”的可能性将不复存在。

请张开眼睛吧。

回到开始之前。

回到“至上之神”是唯一的存在的时刻。

回到广大无限之外的广大无限以及你无法用任何语言来表述的宇宙、我们的世界以及所有我们看到的和没有看到的事物的创造之广大无限之前,回到理解“至上之神”是什么以及“至上之神”过去是什么、将来会是什么的企图之前，你是无法想象得到这样一种现实性的。即使在你仅仅是稍作思考的时候，在你的体内，在你的中心，也只能升起一种敬畏感、诧异感、惊愕感和困惑感。

问题就在于此：怎么会是这样?

如果这个问题的答案是:“没有‘至上之神’。只有人类,只有进化，只有生命的科学，而没有生命的神迹。”那么请想象一下，人类的灵魂岂不是与死亡无异?想象一下，这个答案将会怎样地影响到你的梦想、你的愿景、你的目标和你的使命。

请体验这个问题：怎么会是这样?

请体验提出那个问题的体验。

请在你急切地提出那个问题之后像一个小孩子那样体验你的灵魂。

问问你自己，你心中的那个孩子在头脑中、在心中、在想象中遇到了关于“至上之神”、关于诧异、关于神秘、关于惊愕、关于愉悦、关于“至上之神”的神异等问题之后体验到了什么。

这正是创建“全球最成功的小企业”所需要的东西，这正是生育了每一个独一无二的人类的东西，这正是孕育出了“全球最成功的小企业”的东西。“至上之神”会令你如何行事?

## 如何低成本创业?

经过调查研究发现，低成本创业者往往具备以下一些相同或者相近的特点，列在此处，供大家参考借鉴。

### 1. 不少于半年的盈利预期

谁都明白，过长的盈利预期等于没有预期，在基本保证收支平衡的基础上，早日实现盈利，这应该是所有创业者必须实现的目标。

客观来说，半年以内是大多数创业者所能接受的时间。换句话说，这也是创业者必须尽量达标的盈利期限。

如果不能在半年或者一年内达到预期目标，即使还能维持企业运营，或者资金还比较充足，但与日俱增的心理压力和经济压力对创业者而言也是一个重大考验。

### 2. 找准市场切入点

从事任何项目，你都必须明白市场需要什么，你能提供什么，二者有没有对接点。比如，你身在闹市中心，到处是高楼林立，如果让你选一项业务，你会做什么？家庭餐饮外卖？办公快递？还是报刊零售？通常而言，这些都是机会，但有需求并不代表找到了可以切入的市场点，你还必须考虑竞争问题。进入某行业之前，问自己两个问题：我有没有业务专长？市场有没有空白点？如果有一点成立，就可以考虑介入的问题了。

### 3. 尽可能控制成本

在商业社会中，节约无非就是“开源”和“节流”，而两者都非易事。开支管理不仅可以节约成本，还可以规范企业管理、提高经营效率。为了尽可能节省开支，企业需要一个全面的企业支出管理解决方案来控制所有支出。一般而言，低成本创业者在成本管理上都有自己独到的措施与办法。

有效控制成本，则产品或服务的研发、制造与销售成本就会更低，从而可以推出价格更低的产品或服务，在价格竞争上占据优势。在现代市场竞争与诸多营销策略中，价格竞争是最直接、最有效的利器。

### 4. 必要的财务核算和分析

对许多创业者而言，财务知识是个不大不小的盲点。许多创业者从年头忙到年尾，怎么都弄不明白自己究竟是赚了还是亏了。试想一下，如果把账看清楚了，通过核对就能知道盈亏，心里也就有了底。更重要的是，还可以发现哪些业务在赚钱，哪些业务在亏钱，从而迅速调整。

# 告诫 9

# 合理的商业模式就是印钞机

The Most Successful Small Business in the World

创业法则九

**企业的社会责任感与商业模式才是其真正的本金与利润的来源。**

### 孙陶然点评

对于企业而言，现金流固然决定成败，但最关键的确实不是钱。企业永恒的3件事：找方向、找人、找钱。其中最重要的是找人，有了对的人就有对的方向，有了对的人和对的方向钱就会来找你。在企业方向确定后，就具体的经营管理而言，一个对的商业模式和对的企业文化是关键。

# 钱不是根本问题

微语录

#昆仑的仑#：创业公司的头号任务是尽早找到自己的商业模式，即 1. 卖什么东西？ 2. 卖给谁？ 3. 解决他们什么需求？ 4. 怎么收费？ 5. 怎么卖？简单且可复制的商业模式最好。

接下来我们要谈到钱。金钱已经成为了这个世界的经济现实——这是全世界所有人都必须要应对和处理的重要现实，不管你喜欢还是不喜欢。“全球最成功的小企业”如果想要成功，其创建人也必须直面这个现实。如果他不能直面这个现实，或是以一种自我中心的方式来应对这个现实，其事业必将失败。这个企业将和其他所有未能最终成功解决钱的问题的企业一样，一败涂地。不过，当我们真正地理解了法则九之后，我们会发现这根本就不是钱的问题。钱不过是我们商场中人所必须面对的经济现实，有些人能够成功地应对，有些人则败下阵来。

采取行动或者不采取行动，后果将直接关系到我们的成败。法则九指出，钱不过是公司的燃料。这种燃料可以产生出想象的能量、成长的能量、发展的能量和生命的能量。法则九同时指出，**你的企业会创造出你自己的经济，但你自己的经济并不能创造出你的企业**。不管那些“金钱至上”主义者如何言之凿凿，**金钱是无法创造出金钱的**。金钱是且仅是一种燃料。钱作为一种燃料可以产生能量，仅此而已。

反过来，这种能量会哺育你的想象力所创造出来的结果，而你的想象力所创造出来的结果又会为你的想象力产出物的发展壮大提供燃料。

### 思维墙三十三

对于小企业来说，由于经济实力不够雄厚，核心竞争力比较薄弱，一旦市场低迷，回款慢，就可能出现资金断流的现象。大多数小企业家每天都在提心吊胆地应对着资金缺乏的问题，他们常常感叹：要是有人能为我投资，我就不会如此苦苦挣扎了。

真的有钱就行了吗？马云曾经说过这样的一句话："花别人的钱比花自己的钱更痛苦。"一个好的企业靠输血是活不久的，必须要自己造血。

### 拆墙法建议

你的企业至少有一个结构是聚宝盆，只要它在，那么你就永远不必为没钱而发愁。至于哪一部分应该成为你的聚宝盆，这涉及你的创业目标，所以，还需要你根据迈克尔为你提供的思路，顺着十大法则找，让自己的企业符合每个法则标准，那么，你就能找到你的聚宝盆。

这里，迈克尔告诉你：你在企业的创建中接触到的每一个人都可能为你找到聚宝盆提供思路。

**1. 你的企业所在的经济区（比如农业经济区）会为你提供思路。**假设你的企业能为你的经济区创造一种别的企业无法创造的利润，或者说，你的企业能为它所在的经济区带来某种益处，虽然不是物质上的，但却是人们最需要的，那么你就已经有了聚宝盆。

**2. 你的企业因为具有某种前瞻性，会给后来者以启示。**那么你的后来者就能帮助你发现企业的聚宝盆所在地。比如，你的企业制造了某种标准（迈克尔会在告诫 10 讲到），这个标准为其他企业提供了一种学习模仿的便利，那么你的这种标准通常能为你带来某种效益。

**3. 你的客户是最主要的经济源。**研究透他们无疑能让你找到聚宝盆。作为小企业家，更应该懂经济学，虽然你的企业对于整个经济区、对于整个国家经济来说，所起的作用可能并不大，但是你的企业和你的经济区和整个国家的经济之间的关系是非常微妙的。所以，关注整个经济大环境的变化，不但会让你找到聚宝盆，还能让你防患于未然。

小企业家不要因为自己的规模小，就不去关注大的经济环境，相反，企业规模越小，你就越要反应敏锐，这样才能保证活下来。你要扩大你的视野，通过各种方式的运作，建立起真正适应市场经济竞争需要的、具有自我提升能力的企业制度，并推动这种制度的多元化、社会化，实现治理结构合理化，积极培育自我成长能力。

同时，你还要积极调整产品结构，提高产品档次、技术含量和附加值，集中优势资源，投入到能够给企业带来良好的长期回报的产品生产中，那么你就不用再担心资金流断裂的问题。

迈克尔为什么总是强调思维，要你不断强化脑子里的那个可以扩大 1 万倍的“全球最成功的小企业”的意识呢？因为这个目标，能让你在开始创立企业的时候就能够找到一个可以持续发展的基本架构，或者说系统，它能保证企业生存的一切。

或者我们可以这样来思考这个问题。美国的所有公司中有 70% 是个人独资企业。这就意味着在这些企业里一个人要身兼数种角色：所有者、唯一的供应者、唯一的运营者。现在请想象一下这种情形：每一个独资经营者都想要雇用 5 个人。只要 5 个。这些公司决定将公司规模从 1 个人扩展到 6 个人，这将会让该地区的经济出现 5 倍的增长！

想想看吧。如果一个地区内的 1 万家个人独资企业都增长 5 倍的话，又意味着什么呢？这又会产生什么样的财务上的影响呢？如果你决定创建“全球最成功的小企业”，而这个小企业又意图找到一种将每家个人独资企业都扩大 5 倍的方法，那么这又意味着什么呢？而且要成功地达成这个目标！你的公司将带给世界怎样的冲击？如果你将你的梦想传遍世界，以至于全世界每一个国家的每一个个人独资企业、每一个独资经营业主都受到启发将其企业规模扩大了 5 倍，又将发生什么？而且仅仅是 5 倍而已，并非 50 倍，也不是 150 倍，更不是 1 万倍！仅仅是 5 倍而已。

那么，你所作出的决策的重要意义在哪里？你需要怎么做才能将决策变成现实？当然，你先要想办法吸引全世界的每一个独资经营者都来与你交谈，让他们听你所要讲的话，让他们对“扩大 5 倍”的可能性感兴趣。你现在就应该已经设计了一个系统，可以使得你的独资经营客户们能够相对比较容易地达成那个“扩大 5 倍”的目标。然后你就能够向扩大了 5 倍的客户们展示，一旦他们掌握了“扩大 5 倍”的秘密，他们就能够通过向另外 5 个人传授“扩大 5 倍”的秘密的方式，把他们已经扩大了 5 倍的企业再复制 25 次。

你将看到，这种“扩大 5 倍”现象将会从一个地区扩展到另一个地区，并最终扩展到全世界。

## 孙陶然点评

不仅要想清楚怎么赚钱还要想清楚怎么赚大钱。企业的核心是赚钱的方式，即商业模式。企业要成功必须找到赚钱的模式，而且是简单、可复制的模式。模式要简单，因为只有简单的方法才能够被各级下属所执行；模式要可复制，投入必须能够创造利润。

## 钱的问题到底如何解决？

微语录

#昆仑的仑#：有可能在产业链高端建立商业模式的，当然不应该被产业链低端的蝇头小利所诱惑。

钱的问题是容易解决的。

当前政府正设法让美国人民相信钱的问题是最大的问题，人们的生活离不开政府的资金。不要相信这种话。

美国政府想要让我们相信我们需要他们来为我们的保险提供资金、为我们的按揭提供资金、为我们的能源提供资金、为我们的退休生活提供资金。美国政府试图让我们相信目前我们所面临的财务问题是如此的巨大，只有政府才有能力应对。

绝大多数的人都无法理解钱到底是什么，不知道什么是自给自足，也不懂“唤醒内心的企业家”意味着什么。因为我们不懂钱，不知道钱从哪来，加之我们觉得自己没有能力发明自己的个人化转型经济，我们就只能相信目前的财务问题是我们无能为力的，只能听由他人摆布。而在此过程中，我们已经拱手交出了对自己财务的未来控制权，由他人来为我们设计，并由他人来进行预测，就好像我们太过差劲（智力上差劲、创意上差劲、精力上差劲或是财务上差劲），自己不会做一样。

我们的政府犯下了严重的罪行。而我们，“太差劲”的这群人，因为允许政府这样对待我们、对待这个国家，也犯下了大罪。同时，我们对追寻自己的故事、对美国的创建兴趣索然，这也是一种重罪。缔造了美国的祖先们设计了这个共和政体，其所有的制度都是建立在自由（我们每一个人都享有这种自由）之上，因而他们已经把通往财务自由的未来之匙留给了我们。在我们所曾创造过或想象过的任何东西之上，我们拥有选择自己的生活道路的权利。

## 思维墙三十四

“企业怎么才能实现财务自由？”

“没有钱，企业根本活不下去，脑子里不想钱行吗？”

这是一些经常为资金发愁的企业家的短视思维，他们的短视让他们始终处于缺钱的困境中，而缺钱又使得他们的思维更加开阔不了，从而形成恶性循环。

## 拆墙法建议

马云曾经说过：我为什么能活下来？第一，是因为我没有钱；第二，我对互联网一点不懂；第三是我想得像傻瓜一样。

这难道不能给你一点启示吗？

如果你认为马云是幸运的，捡到了天上掉下来的馅饼，那你就错了。实际上，马云的思维方式是超越了很多小企业家、超越了很多大企业家的。人们给马云起了个绰号“社会设计师”，从这个绰号我们就可以看出，马云在创业时的思维是多么与众不同。他将企业形式和运作当做核心完成了一个发明创造，设计了全新的人力资源，创造了电子商务、支付宝。

就拿支付宝来说吧，网上交易最大的困难是交易双方互不见面，不知底细，欺诈现象很普遍。诚信是电子商务得以发展的根基。没有诚信的环境和诚信的链条，电子商务就是纸上谈兵。哪里有需要，哪里就有创造。在买卖双方还缺乏信赖的基础上，一边把货发出，一边把钱打到独立的第三方。等着买方对品质没有异议了，由第三方再把钱汇给卖方。这个创造发明非常适合当时的市场需求。马云的思想在支付宝业务的创造性开拓中起到了至关重要的作用。

马云给所有企业家的启示，也是迈克尔要告诉你的创业要素，那就是发现你自己，成为你自己。钱不是最重要的，你才是最重要的。独特的你产生了独特的思维方式，独特的思维方式产生独特的商业模式，独特的商业模式就是企业扩大和发展的资本。当然，这种独特的商业模式必须是符合市场规律的，是能够经受得了市场检验的。

惟其如此，我才会说这是一个新企业家的时代。

请想象一下（仅仅是想象），如果我刚刚与你分享的“扩大5倍”的现象真的成为现实，该当如何？

请想象一下，如果你终于找到一种方式来吸引独资经营者、启发独资经营者、教授独资经营者、培训独资经营者、辅导独资经营者、改造独资经营者并使他们成为某个地区的创业领导者，结果又如何？

想象一下，如果你真的能够创造出“扩大5倍”的现象结果会如何？那又怎样？你能拿它怎么办呢？它能够对我们这个苦苦挣扎而又满目疮痍的经济产生什么样的影响呢？政府又能做些什么呢？如果所有的独资经营者全都加入了这个“扩大5倍”的体系、都过上了“扩大5倍”的生活，政府能怎么做呢？会怎么做呢？你是否知道这正是雷·克洛克在麦当劳所做的事？你是否知道这正是山姆·沃尔顿在沃尔玛所做的事？你是否知道这正是迈克尔·戴尔在戴尔公司所做的事？你是否知道这正是比尔·盖茨在微软所做的事？你是否知道这正是史蒂夫·乔布斯在苹果公司所做的事？一切都如此简单，你也可以做到。

对于困扰着全球 60 亿人的问题你是否有一个“扩大 5 倍”的解决方案？是否有一个“1 万家店铺”的解决方案？你有什么简单的、可以预测的方法可以改造每个人生活中的经济现实？你知道这实际上有多么简单吗？比如说，你是否能够了解到你可以在保险业如法炮制，让所有的独立保险经纪人都能够突然之间看到自己“扩大 5 倍”的未来？你是否能够了解，这个简单的理念一经准确地、有想象力地、真诚地表述出来，就能够改造你的世界、你身边的人的世界以及他们身边人的世界的经济现实？仅仅是 5 倍而已！

不，重要的不是钱，重要的是理念。

创业行动 9

## 小本创业者如何融资？

虽然迈克尔说：“钱不是问题”，但在创业实践中，缺钱是大多数创业者面临的问题，而融资也成了创业者必然面对的现实。融资时必须注意以下事项：

### 1. 强调先入优势

实际上，先入者并不能保证长久的优势。如果你强调先入优势，就必须讲清楚为什么先入是一种优势，是不是先入者能够有效地阻碍新进入者，或者用户并不轻易更换供应商。

### 2. 注重市场

许多新兴企业，尤其是高科技企业的企业家并非工程师或科学家。由于其专业背景和工作经历，他们对技术的高、精、尖十分感兴趣，但是投资人关注的是你的技术或产品的盈利能力，你的产品必须是市场所需要的。技术的先进性当然是重要的，但只有你能够向投资商说明你的技术应用方面有极大的市场或极大的市场潜力时他才会投资。很多很有创意的产品没能获得推广是因为发明人没有充分考察顾客真正需要什么，没有选准目标市场或者做好市场推广。投资家是商人，他们向你投资不是因为你的产品很先进，而是因为你的企业能赚钱。

### 3. 有创意，就要融资

只有好的创意还不够，你还需要有独特的竞争优势。这个优势可以保证，即使整个世界都知道你有这样一个创意你也一定会赢。除了有好的创意或者某种竞争优势还不够，你会经营吗？如果你能用不多的几句话说明上面这些问题，并引起投资商的兴趣，那么接下来你就可以告诉他你需要多少资金，希望达到什么目标。

### 4. 根据市场需求量还是根据销售能力预测销售

关于这一点，比较可信的方法是计划投入多少资源。通过调查搞清楚市场有多少潜在客户，有哪些竞争产品，然后根据潜在客户成为真正用户的可能性和单位资源投入量所能够产生的销售额，最后算出企业的销售预测。

### 5. 电梯间演讲很重要

也许你会在公共场合偶然遇到一位投资家，也许投资商根本不想看长长的商业计划书，你只有几十秒钟的时间吸引他的注意力。当他的兴趣被你激发，并询问你公司的经营队伍、技术、市场份额、竞争对手、金融情况等问题时，你已经准备好了简洁的答案。

### 6. 不要害怕提竞争对手

有些企业家为了强调企业的独特性和独占优势，故意不提著名的竞争对手，或者强调竞争对手很少或者很弱。事实上，成功的竞争对手的存在正好说明产品的市场潜力，而且对于投资商来说，有强势竞争对手正好是将来收购套现的潜在机会。

# 告诫 10

# 要做就做标杆企业

## The Most Successful Small Business in the World

创业法则十

一家小企业创立一种标准，所有的小企业都将按照这个标准来衡量其成功与否。与其追逐标杆企业的标准，不如一开始就力争成为标杆企业。

**孙陶然点评**

构建一个好的企业。在我的著作《创业36条军规》中，我给出了心目中的好企业的几个标准，这是我创办拉卡拉支付公司的原动力。好的企业的确是有标准的。作为企业家，如果不能创办一家高标准的企业，赚再多的钱也是不圆满的。

## 标准创造绩效

微语录

#昆仑的仑#：用文化带队伍。创始人对企业的缔造不仅仅是物质层面，还包括精神层面。核心价值观、方法论等企业文化越早建立越好。要提出来，天天讲，以身作则、融入业务。

这一部分内容比较难以理解。但我们还是先仔细地研究一下，这样你就能够理解“标准”是怎么一回事了。

根据《新牛津美语词典》(*New Oxford American Dictionary*)的定义，标准就是一个共同商定的“某种质量或成就水平”。

很简单，是吧？不过，如果你的研究对象是小企业的话就不那么简单了。你会发现几乎没有什么“共同商定的标准”能够定义运营的有效性和效率，更别提道义或质量了。

在确立创建“全球最成功的小企业”的十大法则的同时，我们共同工作的成果必须是，为了获得高于世界级别的绩效而建立起一套标准，这套标准让你的企业能够获得客观的评估。

按照已有的说法，这些标准包括视觉标准、情绪标准、功能性标准和财务标准。这些标准代表了一个公司可证实的改变其顾客生活的能力，其方式是交付一种能够定量的、确定性的结果，而市场上的其他公司都做不到这一点。

如果某小企业号称是一家成长型企业，并立志要成为“全球最成功的小企业”，那么这些标准将提高人们对该小企业的预期水平。简而言之，那些有意成为“全球最成功的小企业”的公司会依照这些标准进行衡量。不过，所有的公司（无论其处于成长曲线的什么位置）都会受到此种衡量方式的影响。

接下来我们把这些标准分解，并逐一进行分析。

**思维墙三十五**

没有标准意识是大多数小企业家的瓶颈。制度没有标准，产品质量标准一般，服务标准不够高，员工管理标准混乱。为什么会这样呢？因为大多数人这样想：“我只是一个小企业，能做到这样就算不错了。大企业不是也会出现问题吗？”

如果你想建立一个“全球最成功的小企业”，那么，现在就要改变这种思维方式。

**拆墙法建议**

那些世界500强企业的标准就是其他企业的标准，而当初他们在制订这些标准的时候，在执行这些标准的时候，也是花费了巨大的精力的。不过，当有了这些标准，他们才能在管理和经营策略上超越自己，跻身于世界前列。

世界500强企业中有很多行业标准甚至精细到毫米微米的程度。这些标准创造了一个好的团体习惯，好的团体习惯造就了一个优秀的集体，一个优秀的集体又创造一个企业神话。从现在开始，你要严格要求自己，要求员工，把标准当成习惯，相信你的企业很快就会成为一个“全球最成功的小企业”。

### 孙陶然点评

越是小公司，越是创业公司，越需要企业文化。越有生存压力，我们越要强化文化，进而提升战斗力，更好地解决生存问题。很多情况下，你的艰难处境正是因为你的愿景和使命设定有问题，你的文化有问题。

# 高于世界级的标准是什么？

微语录

#昆仑的仑#：所谓文化，就是大多数事情都可以从这里找到原因。凡是我们贯彻文化时，事情就进展顺利；凡是我们没有贯彻时，总会出现这样那样的问题。

通常情况下，世界级的标准是很容易识别的：

**视觉标准**。这包括清洁、有序、富于色彩、和谐、平衡和安静的品质。所有这些对于一个企业试图施加的影响而言都是非常重要的，这一点可以预见，也能够展示出来。所有这些都是一家世界级的公司所必须具备的品质。

**情绪标准**。这包括幸福、兴奋、愉悦、友爱、关怀、同情、勇气和一贯性等，这些对于一家世界级的公司来说是至关重要的因素。

**功能性标准**。它对于一家世界级的公司的重要性同样是显而易见的。它是一个公司用以作出承诺并信守承诺的方式。

**财务标准**。它对于一家世界级公司的重要性同样不言自明。包括定价较低、利润较高、投资回报率较高、现金流稳定。

而高于世界级的标准则没有这么明显了，因而对于“全球最成功的小企业”更为不可或缺。

### 思维墙三十六

“从今天起，我要把我的企业打造成世界500强，所以，我要模仿世界级标准。”这个想法有什么错误呢？给自己设限，去模仿500强，而不是去超越。迈克尔一直强调你要找到你自己，而不是别的什么著名的人。

### 拆墙法建议

要制订标准就要制订那些没人敢制订的高于一切的标准，逼着自己成为最卓越的。虽然这可能会很艰难，需要你付出更多的努力，需要你的员工改变更多的习惯，可一旦你的标准树立起来，那你的企业就是无敌的。相信迈克尔告诉你的，做只做高于世界的标准，让别人来模仿你、那么你就成功了。

高于世界级的标准包括上述所有标准，世界上罕有哪家企业能够达到这种标准。这些高于世界级的标准包括：

精神标准是与人类的精神或灵魂相关的。

心理标准是与你的员工的心境、作决策的推理、对于自己和他人动机的陈述等相关的。

道德标准是与你的公司和你的员工作出的选择、选择的合理性、选择背后的道义、选择对他人所造成的影响（包括在公司内部和公司外部）等相关的。

哲学标准是与你的公司的世界观相关的。这一标准决定了你的公司作出决策所依据的选择、态度和心理状态。

下面我们进一步作详尽讨论。

**孙陶然点评**

企业发展中陷入纠结和挣扎是常态。这时最关键要分清：你们是在“维持”还是“坚持”。如果出现非能力所能改变的障碍，就是维持，反之是坚持。维持没有意义，要及早放弃或转型。如果是坚持，就应该让心力变强大，只要肉体没被消灭，精神就应该不懈。

## 精神标准：增强企业生命力

微语录

#昆仑的仑#：所有的竞争最后都是精神的竞争，越是激烈的竞争比拼的越是心力。你的极限也是对手的极限，认输了你就真输了。谁的心力强大多坚持5分钟，谁就是最后的赢家。

什么是灵魂？你的公司的灵魂是什么？它又能做些什么？你的公司有一个灵魂吗？公司都有自己独立的生命吗？

灵魂是我们精神的、非物质的部分，是构成我们的精髓。它是驱动我们作出选择的能量，通过我们的心理架构以及我们作为个人参与其中的社会体系发挥作用。

我们刚一出生就已经拥有了一个灵魂，这个灵魂在我们一生中都会对周遭的环境和条件造成影响，同时也会反过来受到周遭的环境和条件的影响。我们的灵魂会受到思想的损毁、削弱、强化、激发或鼓舞。我们的灵魂会受到我们或他人的思想影响。我们的灵魂也会受到我们或他人的行动影响。

就是这样，你的公司拥有了一个灵魂。你的公司一出生就有自己的灵魂，其核心是公司创始人的灵魂。公司的出资人可能会给公司的灵魂带来积极的影响，也可能会带来消极的影响。他们会令公司的精神潜能缩水，也能激励其超越自我。

公司的领导者和经理们也会给公司的灵魂带来积极或消极的影

响。如果公司的领导者和经理们对于“灵魂”一说不屑一顾，他们就会在公司内消灭“灵魂”这一理念。而这样做将会使公司的灵魂变得迟钝。

不久前，我认识的一位 CEO 曾提到过他和某人之间的一次“亲昵”谈话，不过他的话语中流露出的厌恶不禁让我怀疑，他活着的这 54 年到底是生活在什么样地方。

当然，答案再明显不过：他生活在一个没有灵魂的家庭，上了没有灵魂的学校，在没有灵魂的公司里工作，而他也是没有灵魂的。如此种种，注定他所生活的世界里的所有一切都是没有灵魂的，同时他也不需要任何拥有灵魂的东西。

“你的公司的灵魂是什么”这一问题对于一个拥有灵魂的企业家而言至关重要，对于“全球最成功的小企业”的创始人而言则更是如此。一家成功企业的灵魂是一个充满活力的灵魂、一个敏感的灵魂、一个杰出的灵魂、一个充满冒险精神的灵魂、一个顽皮的灵魂、一个寻根究底（而非贪得无厌）的灵魂，一个即使面对看似毫无意义的世界，依然会提出有意义的问题的灵魂。

### 思维墙三十七

“什么是创业的最好行业？你看我能创业吗？什么时候是创业最好的时机？没钱能创业吗？如何找到好的团队？如何找到优秀的人才？”

问这些问题的人，即使能创业，也很难使他的企业拥有灵魂。因为他没有自发的原动力，没有一种朴素的价值观，还可能没有冒险精神。他最缺乏的是自主的思考能力。

那么什么是企业的灵魂？什么样的人才能赋予企业独特的灵魂？

## 拆墙法建议

创业是一件非常“个人化”的事情，所以，再大的企业也是因为那一两个灵魂人物而强大，人们对企业的认定往往是对这些灵魂人物的认定。乔布斯宣布病退当天，对苹果公司股票影响巨大：在德国股市股票下跌7.96%，股价下跌20.70欧元，报收于239.50欧元，盘中最高下跌超过8%。人们已经把乔布斯当成了苹果的化身。所以，造就一个优秀的企业的，一定是一个优秀的灵魂。

那么到底是什么样的企业家，才能给自己的企业赋予这样独特的灵魂呢？它包括以下几个方面：

**1. 创业的原动力**。对于真正的企业家来说，他们有一种风风火火的激情，从骨子里有一种创业的冲动。他不是为了钱，不是为了名，而是想要做自己想做的事。这样的人，创业对他而言就是一种自我实现，他经常给自己的企业赋予灵魂，因为他本人是有灵魂的。

**2. 伟大的梦想**。人们常说马云是一个“造梦者”，他在创业之初就给自己制订一个目标：做一个能活一百年的企业。

**3. 朴素或者豪华的价值观**。你要实现什么，你的企业要实现什么，你要帮你的顾客做什么，这都是价值观问题。

**4. 领袖气质**。这不是习惯性的发号施令，而是在关键时刻能够站起来为大家指引方向，在困难的时候能够让大家看到希望，在所有人迷茫、犹豫不定时沉着拍板。

**5. 敢于超越自我，寻找“大我”**。无论是公司的发展策略还是利润空间，绝不会只看到自我那一个小小的缝隙。

**6. 冒险精神**。不是盲目的冒险，而是走险道、出奇制胜，即使没有100%的把握，也应该有99%的条件保证。

7. **坚韧不拔**。任何一个企业都会遭遇危机，没有坚忍不拔的精神，企业就难以为继，所以，坚韧是必需的。

8. **学习能力和创造力**。创业是以小博大，因此必须要不断学习，不断创新，找到新机会、新技术、新模式、新市场，并在大公司进入之前抢占制高点，异军突起、出奇制胜，甚至颠覆大公司多年苦心经营的标准和模式，这样创业方能后来者居上。

迈克尔对此的总结是：

像梦想家一样创造梦想，像思想家一样创造愿景，像管理者一样创造目标，像领导者一样创造使命。尽管看起来他们是4种不同类型的人，但实际上他们是一个企业家的4种不可或缺的品质。这些品质能铸就一个"全球最成功的小企业"的灵魂。

这也定义了你的公司的精神标准：一个超越人类的事业的公司，一个把人类放入敬畏和爱的背景之下的公司。它增强了公司的人性和生命力，增强了公司到达巅峰的驱动力，这也正是一个上升的灵魂的本质。

**孙陶然点评**

要有坚强的神经和摧不垮的心理素质。要做野地里贱养放养的小红鼠，不能做温室里圈养的小白鼠。刮骨疗毒、壮士断腕，创始人必须有股子“对自己的狠劲儿”，有坚强的神经和坚不可摧的心理素质，才能应对创业路上的千沟万壑。

## 心理标准：让企业保持心态平衡

微语录

#昆仑的仑#：创业是一场长期的、全方位的战争，最终考验的是创始人的心理素质。创始人如果没有坚强的神经和打不垮的精神以及愈挫愈奋的心态，就坚持不到胜利。

人类的心理，或者说你的公司的心理，并不同于人类（或你的公司）的精神性。人类的心理在很大程度上受到了精神性的影响，但这二者又不尽相同。人类的心理，或者说你的公司的心理是你的灵魂与这个世界相会并发生联系的产物。

这个世界对你的灵魂的影响，以及你的灵魂向一个活生生的人类的转变，都包含了神与兽的结合，也就是神性的灵魂与兽性的灵魂的结合。当然，这只是我对这一思想的个人解读，并非是我创造了这一思想。

不过，我认为神性的灵魂是我们向往“至上之神”的那一部分，而兽性的灵魂则是由我们的身体以及驱动身体的感官赋予了生命的那一部分。神性的灵魂将天堂带到人间，而兽性的灵魂则相反，将人间视作“天堂”或是“地狱”。

现在的问题变为：哪种情感驱动了你的公司，是你的世俗情感，还是你的神性情感？或者二者兼而有之？答案当然是二者兼有，因为我们本身就是这二者的统一体。一个更为重要的问题是：这二者之间如何平衡？这种平衡，或者更确切地说，你的公司的心理健康水平，如何在你的公司中反映出来？

如果你的公司的心理是由贪欲来驱动的，那么这种贪欲就会在公司的每一次行动中都表露无遗。我所说的贪欲并不仅仅指对金钱的贪欲，也包括对权力的贪欲。当前华尔街的贪欲昭然若揭，而正是华尔街的贪欲导致了这场金融大溃败，我们所有人都难免池鱼之殃。

### 思维墙三十八

“公司就是追求利润的，我必须要赚到更多的钱。”这种对物质利益的贪婪会在创业之初给你动力，但却会让你变得短视，无法赋予企业独特的灵魂。

### 拆墙法建议

你把钱看淡，把钱看小，你的企业的心理就不会是贪婪的，就不会是狭隘的，而是淡定的和宽容的。

还以马云为例。马云在创办阿里巴巴的时候认为：世界上很多人都懂得赚钱，但世界上能够影响别人、完善社会的人并不多，如果要做一个伟大的企业，就得做这些事。这些不是盈利、不是上市，而是改变世界，尤其是改变中国的商业规则。

这是他的价值观，是他的创业心理，也是阿里巴巴的心理，更是人们喜欢阿里巴巴、信任阿里巴巴的原因。

如果你的公司仅仅是为了追求某种利益，而不管这种利益需要他人付出怎样的代价，那么，这种失衡会在你的公司中体现出来。

有一次，我过去的某位合伙人跑过来无比兴奋地对我说美国政府正在派“免费的钱”，任何一个有点头脑的人都可以分上一杯羹。

“我们为什么要这么干呢？”我问他。

“因为我们有这个能力啊，”他回答说，“对小企业而言，这是30年来最好的一次机遇。”

“但是谁来买单呢？”我问。

“管他呢！”他说。

于是我对他说：“再见。”

想想看吧，这种公司心理是你想要的吗？一个建立在“免费的钱”的理念上的公司有可能成为“全球最成功的小企业”吗？一个真正的企业家会希望自己以这种方式被铭记吗？难道他想要自己因为一点小聪明而为人所铭记吗？难道他想要成为人们口中的那个不择手段、利用一切可得的资源而不管谁来买单的人吗？更何况那个买单的人就是你呢？你的公司所遵循的心理标准是什么呢？

**第一是平等。**也就是说不管作出什么决定，都必须是公平的。另外一个标准是同情，也就是说与你做生意的这些人的生命都应该被理解和高度尊重。

**第二是宽容。**也就是说对他人的错误，包括判断错误、理解错误、技能错误、信仰错误等能够就事论事。

**第三是激励。**也就是说，你所作出的决定总是与最高目标相符，而不会去追求低俗的目标。

把你的公司想象成一个成熟而平衡的人。这个人在他和这个世界的关系中会企求什么呢？会做些什么呢？会成为什么呢？

**孙陶然点评**

生存绝不是突破道德底线的借口。我希望所有相关公司都恪守道德底线。无数实例证明，不恪守底线，随时都可能翻车，即便侥幸成功，以后也很难洗白。做企业和做人一样，一定要设置道德底线，而且越成功道德底线越要提高。

# 道德标准：企业赖以建立的基石

**微语录** #昆仑的仑#：所谓英雄就是有所为有所不为，所谓枭雄就是为达目的不择手段。做企业必须做英雄不能做枭雄，没有道德底线的企业不可能成为一个伟大的企业。

我们所面临的困难是，当我们把灵魂、心理、道德和哲学分开讨论的时候，它们似乎都太类似了。然而不管这些词有多么相似，它们的“出身”却是极为不同的。

你一出生的时候就拥有一个灵魂，然后这个灵魂会得到增强或是削弱。其后，你会在内心以及你的世界里发展出一种心理，不管是出于主观故意还是因为受到了周遭环境的影响。

然而道德则既是绝对的又是相对的。道德在时间之前就已存在，然而却又总是存在于时间之中。道德包括你个人的道德、你的公司的道德，你所处的地区、政府和世界的道德都来自于传统、宗教、法律和社区。这些绝对的和相对的道德的聚集，以及公司对这些道德的消化和吸收，都必须在公司内部以制度的形式有意识地确立下来，都必须在文件中清楚明白地加以规定。这种文件在美国叫做公司的权利法案，也叫做公司宪章。

“全球最成功的小企业”的权利法案应该是怎样的？“全球最成功的小企业”的公司宪章应该规定哪些内容？我们应该牢牢地遵循哪些

信条？我们的公司在世界上处于什么位置？我们的创始人是怎么说的？他们把这家公司置于何地？在这个新企业家时代，他们在这个世界中的立场是怎样的呢？

如果你近来没有阅读过《美国宪法》或者《权利法案》，那么请你现在就阅读一下吧。阅读之后问问自己：如果我是这个国家的缔造者，对于这个将要由我来创造的公司，我会怎么做？我有着什么样的期望？我在与顾客、供应商、投资者、员工交往的时候应该采用什么样的行为准则？如果我在创建“全球最成功的小企业”的时候，就知道自己实际上是在为全球所有的企业创建一个道德模板，我应该有什么样的期望？

如果我相信自己是“至上之神”创造的一个灵魂，我的目的是将天堂带到人间，那又该当如何？是否我的责任、我的命运就是要彻底思考这个问题，就如同整个世界都在指望着我、指望着我的公司、指望着我在创建之时所进行的思考？你的公司的道德标准，将会决定你的公司是否能够成为我们所说的伟大的公司。这是你的公司赖以建立的基石。

## 孙陶然点评

核心价值观是否正确，是决定一个企业是否能够走长远的非常关键的一点，也是中国的企业未来要走到国际上，要和国际化企业相比较、相竞争的非常核心的一点。所以结论就是，要想做百年老店，没有一个正向的核心价值观肯定是不行的。

## 哲学标准：帮企业走出发展困境

微语录

#昆仑的仑#：创业是带着一群未知的人到一个未知的地方去干一件未知的事儿。所以，如果人靠谱，事总会逐步靠谱的；如果人不靠谱，事不可能靠谱。

哲学会问这样一个问题：知识存在于何处？我们怎么知道自己知道什么？你的公司，也就是"全球最成功的小企业"必须要提出这个问题，并给出答案。一方面来讲，你的公司宪章和权利法案是对该哲学问题的一个解答。从另一方面来讲，它们又都不是解答。之所以说它们"是对该哲学问题的一个解答"是因为宪章和权利法案就等于你已经作出声明：这就是我们的信仰。之所以说它们"不是解答"，是因为你的公司宪章和权利法案并没有告诉人们这些信仰的基础。

在我的另外一本书《实现创业梦想》中，我描述了唤醒内心创业精神的流程，即创造一个梦想、一个愿景、一个目标、一种使命。我还指出，梦想是梦想家的产物，愿景是思想家的产物，目标是管理者的产物，使命是领导者的产物。每一种企业家人格类型（梦想家、思想家、管理者和领导者）都在驱动型企业的创建和成长过程中扮演着重要的角色。

**梦想家创造梦想，思想家创造愿景，管理者创造目标，领导者创造使命。**尽管看起来他们是4种不同类型的人，但实际上他们是一个企业家的4种不可或缺的品质。4种产出物（梦想、愿景、目标和使命）共同合作以诠释这个梦想,即一家以改变世界的面貌为目的的公司，也是企业家的激情的产物。然后，企业家的这4种维度成为一种流程，而最终的目标则可以通过这种流程得以实现。没有了愿景，梦想就会成为幻想；没有了目标，愿景就会失去了意义；没有了使命，过程就没有了实用的价值。换言之，梦想驱动激情前进，愿景创造了一幅未来的图景，目标告诉我们一切是为谁而做、为何而做，使命为我们提供了“将所有的零片拼到一起”的至关重要的细节。

通过描述这一模型，实际上我已经把我的哲学向你作出了基本的表述：所有的事物都参与了世间万物的创造。宇宙是一个整体，不管你做了任何事，都会对一切其他事物产生影响。同理，按照另外一种思考方式，如果你没有做什么事，结果也是一样的，即任何事物都不会因之受到影响。不管是作为还是不作为，你所创造出来的公司都是其各个部件的总和。所有被“排除”的事物因其被排除这一事实而被包括在内。于是，这就得出了我的结论：你所创造的公司，也就是“全球最成功的小企业”，是一个所有部件互相连接、互相关联的系统。每一个部件都表明了你的公司的个性，每一个部件都是构成你的公司的声音中的一个声音。而且，如果缺少了任何一个部件的话，你所创造的公司就将是一个完全不同的公司。

我之所以如此认为是因为事实就是如此。事实就是如此是因为我如此认为。我如此认为则我的公司必须如此行事，如果我的公司未能如此行事，那么我的思想就毫无意义。如果我的思想毫无意义，我就毫无意义，因为我的思想就是我，我就是我的思想。就如同你就是你的思想，你的思想就是你一样。当然，不仅仅是我们的思想，但从某种意义上来说，我们就是我们的思想。我们的思想创造了我们的感受，我们的感受也创造了我们的思想，而我们的感知则创造了以上两者。

我们的思想和感受创造了我们的感知，或者是以一种独特的方式塑造了我们的感知。如果我们被以另外一种方式创造出来，那么塑造的方式也会不同。

有人会说，“看见太阳”这件事对于看见太阳的每一个人来说都是一种不同的体验。每一个人对于这一景象的表达也都会因人而异。每一个人所画出来的太阳图画也都不尽相同。在描绘太阳的时候，我们作为绘画者都是在向他人传达太阳给我们留下的印象和感受……而且仅仅是我们自己的印象和感受。

凡·高所画的太阳和伦勃朗所画的太阳是不同的。米开朗基罗的大卫与毕加索的大卫是不同的。然而，这个太阳，这个我们所有人都在以各自的方式所描绘的出来太阳却是（并且一直都是）同一个太阳——这个绝对的太阳而非相对的太阳。因此，你的公司是你的太阳，我的公司是我的太阳，而“全球最成功的小企业”则是创造了这家企业的那个人的太阳。这是一次哲学的对话。你的公司会因你所创立的哲学标准而饱受困扰，也会因你所创立的哲学标准而得到改善。无论是出于选择还是出于偶然，这一切都将发生。

## 有计划地学习与创业密切相关的知识

创业不仅需要具有良好的性格特征和灵活的商业头脑，更重要的是前期要储备经营的相关知识，尤其是经济管理知识的积累，如经济学知识、统计学知识、市场营销知识、管理学知识和金融学知识等。渊博的学识是创业者的必备条件。

### 1. 经济学知识

供给和需求之间的联系是经济学研究的重要内容。比如，冬卖棉袄夏卖冰淇淋，商品的质量在冬夏两季并没有产生差异性，仅仅是因为人们需求的多与少，就决定了商品的销量，更决定了商品的价格。针对需求来供给，才能保证企业的生存，促进企业的发展。

### 2. 统计学知识

创业者要学会借助所搜集的资料验证自己的判断，这就需要较好掌握统计学知识。统计学基本上提供了分析和提出观念的依据。

### 3. 市场营销知识

丰富的市场营销知识是展开经营活动的基础，创业者只有储备了丰富的市场营销知识，才能快速扩展市场。随着制度的不断规范、经济的不断成熟以及竞争的不断加剧，专业化的经济行为开始出现，简单的投机行为将不能再钻市场的空子，知识和文化已经成为赚钱的重要条件，理性成熟的市场更欢迎富有市场营销知识的人才。

#### 4. 管理学知识

丰富的管理学知识是创业者必备的知识要素。因为管理学研究的核心就是通过管理来降低企业的运营成本，从而达到提高企业运行效率的目的。管理学的发展使得现代企业的管理，尤其是生产企业的管理发生了一场革命。人们的管理行为从过去自发的经验逐渐上升到自觉的意识。到了现代，管理学已经成为创业者的必修课程之一。

#### 5. 金融学知识

金融学知识是创业者必不可少的经济知识，它主要解决如何提高资金运行的效率问题。在一个企业中，金融学的知识主要表现为企业如何对可利用的生产资源进行运作与管理，从而实现企业追求利润最大化的目标。

其实，要真正走好创业这条路，绝不是仅仅局限于这些知识的。创业者在准备创业之时，就要尽可能地增加自己的知识储备，以便在创业之路上走得更顺畅更长远。

# 后 记



## 新创业时代，我们该怎么做?

现在，到了最后，我们又回到了开始。也就是说，在这本书的最后，我们又回到了你的工作的开始。你正在看着镜子里面我们的现在、过去和未来的关系。

你都学到了什么呢?

你会如何运用这十大法则呢?

你将如何打造你新创建的或是创建已久的企业呢，而不是尽义务般地、认真地（所有人都在坚持着这种错误的做法）为你的企业打工呢?

你是否真正地想要创建“全球最成功的小企业”？你是否和我一样对此保持着非常严肃的态度？或者你认为我们之间的对话不过是一场充满隐喻的交谈?

我来告诉你吧：你别无选择!

在你下定决心要令自己失望之前，你别无选择。

除了选择一个伟大而富有想象力的目标、追求个人的独立之外，你别无选择。

你的生活已经处于一种战斗准备状态。因为你已经走了这么远。因为你已经读完了我为你写的这本书。因为你已经非常严肃地考虑了我所说的话，现在你也应该非常严肃地看待自己。否则，你也不会走到这里，而应该在很久以前，在告诫 1 或告诫 2 的时候，就放弃了。

而我们进行这种对话的方式也仅此一种。你意识到了吗？在这个新创业时代，你需要以最严肃的方式唤醒内心的创业家。那就是你，新创业家——梦想家、思想家、管理者、领导者。新的创业家，就如同穆罕默德·尤努斯一样。

无论你以前做过什么，你都不会知道如何开始。当然，你也不会知道你自己身陷何种境地，因为在此之前没有人和你讨论过创建“全球最成功的小企业”这件事。你甚至没有想过这种可能。因为从很多方面来讲，这都不大可能。就算是最富有想象力的人也很难相信有这种可能。

暂停一下，暂时停止思考。我们先来解决一下这个可能性的问题。十大法则会给你以指引。它们永远都是你的基石，是你将要进行的工作的基础。这十大法则也是为了这一目的而写的。如果你心存疑虑，十大法则会告诉你无需疑虑，只需创造。

请为你的头脑和你的心装上想象之轮吧。向前转动——我们没有别的路可走，只有向前。在你前进的时候，你的头脑会孕育出，并会仔细思考、将其概念化并最终形成某种你所不曾企及的东西。

这个“全球最成功的小企业”正以其难以想象的完美在你的心中、在你的头脑中、在这个世界上等着你。

你将要为之服务的那些人已经在等着（虽然他们并没有意识到这一点）你将要提供给他们、为他们创造的东西了。

他们想要你前进，虽然他们并没有这种意识。如果你用心就能够感受到他们的欲求。这并非一次理论上的对话，我们不是在学校。这是一种热烈的、有目标的生活产物，这种生活已经投入到小企业的现实中去，并已经进入成千上万的小企业家的生活之中。我们和那些将来的企业家一同投入，但在我们进行（严肃地进行）此次有意义的对话之前，我们无法知道该如何正确地投入。

这种严肃的对话我已经进行过成千上万次了。我和那些以错误的方式开始创业的人进行了这样的对话。这些人对我说，如果他们在创业之初就已经知道了我与他们所分享的这些法则的话，他们就不必浪费那么多的生命了。他们就无需那么卖命地工作，不必承受那么多的痛苦了。

现在，我们已经为你所要做的所有工作搭建了一个平台，我将这个平台称之为“十大法则”。这十大法则会挽救你的生活，同时也会挽救很多其他人的生活。

这并非一次理论上的对话。不，完全不是理论的。这里不是课堂。这里不是学校。这也不是为了博你一笑。这是为了你，为了你的世界。我们的世界。

这就到了本书的最后。亲爱的读者，我爱你们。

## 你适合创业吗?

创业是一个充满诱惑力的词语，但并非每一个人都适合走创业、当老板的道路。相关创业机构设计出了一份问卷，可使你在作出决策前对自己有一个初步的了解。

### 测试1　基本素质自测

#### 测试说明

下列各题均有4个选择,答案:A．是;B．多数;C．很少;D．从不。请在符合你实际情况的小括号内填上A、B、C、D。

#### 测试题

1. 在急需决策时，你是否常常想:“再让我考虑一下吧?”　(　)
2. 你是否为自己的优柔寡断找借口:“是得好好慎重考虑，怎能轻易下结论呢?”　(　)
3. 是否为了不冒犯某个或某几个较有实力的客户，你有意回避一些关键性的问题甚至表现得曲意逢迎?　(　)

4. 你已经为写报告累积了很多参考资料，但仍责令下属继续提供？（ ）

5. 处理往来函件时，你是否读完就扔进文件框，不采取任何措施？（ ）

6. 无论遇到什么紧急任务，你是否都先处理琐碎的日常事物？（ ）

7. 非得在巨大的压力下你才肯承担重任吗？（ ）

8. 你是否无力抵御或预防干扰与危机？（ ）

9. 在制订重要的行动计划时，你常忽视其后果吗？（ ）

10. 当需要作出可能不得人心的决策时，你是否找借口逃避？（ ）

11. 你是否总在快下班时才发现有要紧事没办，只好晚上回家加班？（ ）

12. 你是否因不愿承担艰巨任务而寻找各种借口？（ ）

13. 你是否常来不及躲避或预防困难情形的发生？（ ）

14. 你总是拐弯抹角地宣布可能得罪他人的决定？（ ）

15. 你喜欢让别人替你做自己不愿做的事吗？（ ）

### 评分标准

“是”记 4 分，“多数”记 3 分，“很少”记 2 分，“从不”记 1 分。

### 诊断结果

50 ～ 60 分：你的个人素质与创业者相差甚远；

40 ～ 49 分：你不算勤勉，应彻底改变拖沓、效率低的缺点，否则创业只是一句空话；

30 ～ 39 分：大多数情况下你充满自信，但有时犹豫不决。不过没关系，有时候犹豫是成熟、稳重和深思熟虑的表现；

15 ～ 29 分：你是一个高效率的决策者和管理者，更是一个成功的创业者，具有良好的心理素质和坚忍不拔的毅力。

## 测试 2　果断性格测试

### 测试说明

果断是指一个人能明辨是非，在紧急关头当机立断作出决定并立即行动的性格。果断以正确认识、当机立断与勇敢行动为特征，以深思熟虑和审时度势为前提条件。果断，不是面对抉择或突变时瞻前顾后，犹豫彷徨，也不是轻率冒失，马上行动，更不是排斥他人建议，主观武断。成功创业者是一个决策者和战略家，大都具有果断的性格。你是否具备果断的性格？请对问题作出肯定或否定回答，将“是”或“否”填入题后小括号中。

### 测试题

1. 你能在旧的工作岗位上轻而易举地适应与过去的习惯迥然不同的新规定、新方法吗？（　）
2. 你进入一个新的组织机构，能够很快适应这一新的集体吗？（　）
3. 你要为家里购买风扇，发现其造型、档次、功效的种类极丰富，远不是当初想象的那么简单。你是否走遍所有商店才决定要买哪种？（　）
4. 如果有朋友为你在其他公司提供一个薪俸更加优厚的职位，你会毫不犹豫答应前往吗？（　）
5. 如果做错了事，你是否打算一口否认自己的过失，并寻找适当的借口为自己开脱？（　）
6. 平常你能否直率地说明自己拒绝某事的真实动机，而不虚构一些理由来掩饰？（　）
7. 在讨论会上，经过一番辩论和思考，你能否改变自己之前对某个问题的见解？（　）
8. 你履行公务或受人之托阅读一部他人作品，作品主题正确，可你对写

作风格很不欣赏。那么，你是否会修改这部作品，并坚持按自己的想法进行大幅修改？ （ ）

9. 你在商店橱窗里看到一件十分中意的东西，但它并非你的必需品，你会买下来吗？ （ ）

10. 如果一位权威人士对你提出劝告，你会改变自己的决定吗？ （ ）

11. 你总是预先设计好度假的节目，而不是“即兴发挥”吗？ （ ）

12. 对自己许下的诺言，你是否一贯遵守？ （ ）

13. 假如你了解到上司与你的观点截然相反，你还能直抒己见吗？ （ ）

14. 今天是校友会踏青的日子，你打扮得潇洒利落。但天气似乎要变，带雨具吧又难免累赘拖沓，你能轻松地马上作出决定吗？ （ ）

15. 你花费了很多时间、精力制订出一个设计方案，虽然不错，但你认为还不是最佳方案。你是否请求暂缓交稿，再仔细斟酌一下呢？ （ ）

评分标准

| 题　号 | 是 | 否 | 题　号 | 是 | 否 |
|---|---|---|---|---|---|
| 1 | 3 | 0 | 9 | 0 | 2 |
| 2 | 4 | 0 | 10 | 0 | 3 |
| 3 | 0 | 3 | 11 | 1 | 0 |
| 4 | 2 | 0 | 12 | 3 | 0 |
| 5 | 0 | 4 | 13 | 3 | 0 |
| 6 | 2 | 0 | 14 | 2 | 0 |
| 7 | 3 | 0 | 15 | 0 | 3 |
| 8 | 2 | 0 | | | |
| 合　计 | | | | | |

A 型：0 ～ 12 分；B 型：13 ～ 24 分；C 型：25 ～ 36 分；D 型：37 分以上。

## 诊断结果

A 型：优柔寡断

对你来说任何决定都是一桩难事，你总是反复和朋友商量后才能作出一个决定；如果有谁替你作出所有决定，你简直对他感激不尽；你让人难以信赖，与你共事或生活会觉得很疲劳。不过你无须绝望，试着在日常琐事上“冒冒险”，天长日久会有所改善的。

B 型：小心审慎

在需要紧急决断的事上，你可以当机立断。而一旦作决定的时间较为充裕，各种疑虑便会向你袭来。于是，你会希望依靠别人，或者和朋友商量或者征求师长、上级的“同意”。其实你是有决断能力的，相信自己的头脑和经验吧。

C 型：相当果断

你具有足够的逻辑判断力及丰富的经验，这使你能迅速作出合理的决定。即使偶尔出现失误，你也会及时补救；你不经常询问他人意见，但从不排斥别人的建议；你一下定决心，通常会坚持到底，但不会为维护脸面而坚持错误。你具备成功创业者的良好素质，如果能在能力欠缺方面多请教别人，会减少因决策失误造成的损失。

D 型：极其果断

你不曾体验过犹豫的滋味。如果辅以开阔的眼界及合理的知识结构，你会是大集团强有力决策人的合适人选。

## 测试 3　沟通能力测试

### 测试说明

善于交谈的人，能够左右逢源；不善于表达的人，总是很被动。如果你想知道自己与他人的沟通能力，请作以下测试。请将选好的答案代号填入小括号内。

### 测试题

1. 你是否避免表达自己的真实感受，因为你认为别人不会理解你？（　）

A. 肯定　　B. 有时　　C. 否定

2. 你是否觉得需要自己的时间、空间，一个人静静地独处才能保持头脑清醒？（　）

A. 肯定　　B. 有时　　C. 否定

3. 与一大群人或朋友在一起时，你是否时常感到孤寂或失落？（　）

A. 肯定　　B. 有时　　C. 否定

4. 当一些与你交往不深的人对你倾诉他的生平遭遇以求同情时，你是否会觉得厌烦甚至直接表现出这种情绪？（　）

A. 肯定　　B. 有时　　C. 否定

5. 当有人与你交谈或对你讲解一些事情时，你是否时常觉得百无聊赖，很难聚精会神地听下去？（　）

A. 肯定　　B. 有时　　C. 否定

6. 你是否只会对那些长期相处并自认为绝对可靠的朋友才吐露自己的心事与秘密？（　）

A. 肯定　　B. 有时　　C. 否定

7. 在与一群人交谈时，你是否经常发现自己驾驭不了自己的思路，常常表现得注意力涣散，不断走神？（　）

A. 肯定　　　B. 有时　　　C. 否定

8. 别人向你请教时，你是否经常认为跟他多谈简直是对牛弹琴？　（　）

A. 肯定　　　B. 有时　　　C. 否定

9. 你是否觉得那些过于出风头的人是肤浅的和不诚恳的？　（　）

A. 肯定　　　B. 有时　　　C. 否定

## 评分标准

选 A 记 3 分；选 B 记 2 分；选 C 记 1 分。

## 诊断结果

9 ～ 14 分：你很善于与人交谈，因为你是一个爱交际的人；

15 ～ 21 分：你比较喜欢与人交朋友。假如你与对方不太熟，刚开始可能比较少言寡语，可一旦熟悉之后，你的话匣子就再也关不上了；

22 ～ 27 分：你一般情况下不愿与人交谈，只有在非常必要的情况下，才会与人交谈。你比较喜欢一个人的世界。

# “iHappy管理者”系列图书项目介绍

## 广东人民出版社
## 深圳市中资海派文化传播有限公司

### 合力打造《世界经管学术经典文库》正式面市

《世界经管学术经典文库》由“iHappy 管理者”系列图书拉开大幕。

秉承“为精英阅读而努力”的理念，我们潜心挖掘商务人士的深层次需求，精心构建了“Fierce 管理”“Power 谈判”“Perfect 沟通”“Win 营销”产品线，立志服务于商界精英的职场生活。

该书系涵盖了领导管理、商务谈判、职场沟通、市场营销等领域，引领新经营管理思潮，兼顾实用性与启发性，让读者即时掌握商业世界的脉动。本书系表现形式理性而不晦涩，专业而不枯燥，让读者在休闲轻松的阅读中，不知不觉提高商务竞争力。

## Fierce 管理

**已出版和即将推出的该系列图书有：**

由比尔·乔治（Bill George）所著，长踞 *CEO READ*、《华尔街日报》《商业周刊》畅销书榜的《真北》(*True North*) 和《卓越领导的七项修炼》(*7 Lessons for Leading in Crisis*)；

由马歇尔·古德史密斯（Marshall Goldsmith）所著，长踞亚马逊商业类图书冠军、最具影响力的管理类经典著作《管理中的魔鬼细节》（*What Got You Here Won't Get You There*）和《魔劲》（*MOJO*）；

最伟大的商业管理思想家肯·布兰佳 (Ken Blanchard) 所著

的《知道做到》(*Know Can Do*) 和《谁谋杀了变革先生》(*Who Killed Change*);

全球顶级管理哲学大师多弗·塞德曼 (Dov Seidman) 所著，长踞亚马逊畅销书榜的管理类图书《未来领导者》(*How*);

管理学之父彼得·德鲁克(Peter Drucker)、企管大师吉姆·柯林斯 (Jim Collins)、营销大师菲利普·科特勒 (Philip Kotler)、领导力大师吉姆·库泽斯 (Jim Kouzes) 联袂打造的《组织生存力》(*The Five Most Important Questions You Will Ever Ask About Your Organization*);

当今世界最伟大的领导者之一、美国总统自由勋章获得者弗朗西斯·赫塞尔本 (Frances Hesselbein) 的《同心圆领导力》(*Hesselbein on Leadership*);

全球商业领域公认的思想领袖苏珊·斯科特 (Susan Scott) 所著的《优势领导力》(*Fierce Leadership*);

管理大师彼得·德鲁克嫡传弟子、顶级招聘专家杰夫·斯玛特(Geoff Smart)联手哈佛商学院MBA、资深人力资源专家兰迪·斯特里特 (Randy Street) 共同打造的《聘谁》(*Who*);

由应用信息经济学创始人、国际知名决策分析师和风险管理专家道格拉斯·W. 哈伯德 (Douglas W. Hubbard) 所著，长踞亚马逊商业类畅销书榜首的管理类图书《数据化决策》(*How to Measure Anything*);

"领导者的领导"、食品巨头金宝汤前CEO道格拉斯·柯南特 (Douglas Conant) 联手"领导者的教师"、战略领导学和策略研究专家梅特·诺加德 (Mette Norgaard) 打造的《触点》(*Touchpoints*);

惠普公司前全球副总裁兼首席技术官菲尔·麦肯尼 (Phil McKinney) 的《创客学》(*Beyond the Obvious*) 以及下列作品：

*The Little book of Leadership by Jeffrey Gitomer*;

*The Three Rules by Michael E. Raynor and Mumtaz Ahmed*;

*Superteams by Khoi Tu*;

*Leadership Conversations by Alan S. Berson and Richard G. Stieglitz*;

*Turn the Ship Around by L.David Marquet*;

*Leadership and the Art of Struggle by Steven Snyder* 等。

## Power 谈判

**已出版和即将推出的该系列图书有：**

美国前总统克林顿首席谈判顾问、王牌谈判大师罗杰·道森（Roger Dawson）的经典作品《优势谈判》（*Secrets of Power Negotiating*）和《绝对成交》（*Secrets of Power Negotiating for Salespeople*）；

世界三大谈判大师之一赫布·科恩（Herb Cohen）的“世界上最权威的谈判读本”《谈判无处不在》（*You can Negotiate Anything*）；

国际谈判巨头吉姆·坎普(Jim Camp)所著、全球畅销逾1 000万册的《谈判从说“不”开始》（*NO*）以及下列作品：

*The Negotiation Book by Steve Gates* 等。

## Perfect 沟通

**已出版和即将推出的该系列图书有：**

由FBI特邀顾问、国际跨界沟通专家马克·郭士顿（Mark Goulston）所著的《只需倾听》（*Just Listen*）；

美国企业家大奖得主、优势沟通第一人苏珊·斯科特(Susan Scott）所著、《华尔街日报》《今日美国》畅销力作《非常对话》

(*Fierce Conversations*)；

著名肢体语言专家、美国政商两界一致推崇的沟通大师托尼娅·瑞曼（Tonya Reiman）的《从读心到攻心》(*The Yes Factor*)；

国际人类行为学领域的领袖大卫·李柏曼（David J. Lieberman）打造的《纽约时报》经典畅销书《看谁在说谎》(*Never Be Lied To Again*)、《看谁听谁的》(*Executive Power*)、《看谁听你的》(*Get Anyone to Do Anything*)；

全球顶级“陈述教练”乔恩·斯蒂尔（Jon Steel）的《完美陈述》(*Perfect Pitch*)；

最具影响力的说服大师罗伯特·迈耶（Robert Mayer）所著的《优势说服力》（*How to Win Any Argument*）以及下列作品：

*Real Influence by Mark Goulston*；

*How to Say Anything to Anyone by Shari Harley* 等。

## Win 营销

**已出版和即将推出的该系列图书有：**

说服力营销大师凯文·霍根（Kevin Hogan）和詹姆斯·斯皮克曼（James Speakman）合著的《说服你其实很简单》(*Covert Persuasion*)；

美国头号市场营销战略家、在线行为研究之王比尔·唐瑟尔 (Bill Tancer) 所著，助力奥巴马成为美国第一位网络总统的《在线为王》(*Click*)；

“美国最成功服装店”的首席执行官杰克·米切尔 (Jack Mitchell) 浓缩50年事业精华的销售圣经《拥抱你的客户》(*Hug Your Customers*)；

备受赞誉的网络营销战略家戴维·米尔曼·斯科特（David

Meerman Scott）的畅销之作《直达买家》（*The New Rules of Marketing and PR*）；

美国最年轻的网络营销鬼才瑞安·霍利迪（Ryan Holiday）所著、令《纽约时报》顶礼膜拜的畅销力作《一个媒体推手的自白》（*Trust Me, I'm Lying*）；

"全球策略营销之神"杰·亚伯拉罕（Jay Abraham）亲授营销制胜秘诀的《优势策略营销》（*Abraham 101*）以及下列作品：

*Bargain Fever by Mark Ellwood* 等。

如果你想提高职场竞争优势、提升个人知名度、打造公司品牌，阅读"iHappy 管理者"系列图书是你的不二之选。

另外，为了适应市场发展要求，我们成立了"iHappy 管理者"系列图书专家委员会，诚邀国内相关领域的权威、专业人士拨冗推荐该系列图书，并在编辑加工图书的过程中提出宝贵意见。

# “iHappy 书友会”会员申请表

姓　名（以身份证为准）：____________；性　别：____________；

年　龄：____________；职　业：____________；

手机号码：____________；E-mail：____________；

邮寄地址：____________；邮政编码：____________；

微信账号：____________（选填）

所购图书封底防伪码（揭开防伪标签，即可看到标签下防伪码）：

________________________

请在以下 9 本图书中任选一册

您选择的图书名为《××××××》

请严格按上述格式将相关信息发邮件至中资海派“iHappy 书友会”会员服务部。

邮　箱：zzhpHYFW@126.com

微信联系方式：请扫描二维码或查找 zzhpszpublishing 关注“中资海派图书”

## 中资经典，打造最具价值的管理胜经
## 一切为了精英阅读而努力

我们在接到您的会员申请表后，会在第一时间发送审核回函，一经审查通过，您将立即成为我司“iHappy 书友会”会员。首次成为会员者，可以免费获得以下图书一册，我们将以平邮的方式邮寄给您，请确保邮寄地址可以收到邮政平信（请勿重复申请，重复加入会员无效）。可选书目有：

《直达买家》定价：32.00 元
（*The New Rules of Marketing and PR*）
戴维·米尔曼·斯科特（David Meerman Scott）

让别人免费帮你卖产品的
网络营销公关新规则

《同心圆领导力》定价：25.00 元
（*Hesselbein on Leadership*）
弗朗西斯·赫塞尔本（Frances Hesselbein）

成功带领团队走向未来的关键力量
领导者的品格决定了企业的绩效与成败

《组织生存力》定价：29.80 元
（*The Five Most Important Questions You Will Ever Ask About Your Organization*）
彼得·德鲁克（Peter Drucker）等

让成功的组织更成功的 5 大力量

# 短信查询正版图书及中奖办法

A．电话查询

1．揭开防伪标签获取密码，用手机或座机拨打 4006708315；

2．听到语音提示后，输入标识物上的 18 位密码；

3．语言提示：您所购买的产品是深圳市中资海派文化传播有限公司出品的正版图书。

B．手机短信查询方法（移动收费 0.2 元 / 次，联通收费 0.3 元 / 次）

1．揭开防伪标签，露出标签下 18 位密码，输入标识物上的 18 位密码，确认发送；

2．发送至 13825050315，得到版权信息。

C．互联网查询方法

1．揭开防伪标签，露出标签下 18 位密码；

2．登录 www.801315.com；

3．进入“查询服务”“防伪标查询”；

4．输入 18 位密码，得到版权信息。

中奖者请将 18 位密码以及中奖人姓名、身份证号码、电话、收件人地址和邮编 E-mail 至 szmiss@126.com，或传真至 0755-25970309。

一等奖：168.00 元人民币（现金）；
二等奖：图书一册；
三等奖：本公司图书 6 折优惠邮购资格。
再次谢谢您惠顾本公司产品。本活动解释权归本公司所有。

# 读者服务信箱

## 感谢的话

谢谢您购买本书！顺便提醒您如何使用 ihappy 书系：

◆ 全书先看一遍，对全书的内容留下概念 。

◆ 再看第二遍，用寻宝的方式，选择您关心的章节仔细地阅读，将“法宝”谨记于心。

◆ 将书中的方法与您现有的工作、生活作比较，再融合您的经验，理出您最适用的方法。

◆ 新方法的导入使用要有决心，事先做好计划及准备。

◆ 经常查阅本书，并与您的生活、工作相结合，自然有机会成为一个“成功者”。

<table>
<tr><td rowspan="9">优惠订购</td><td colspan="2">订阅人</td><td></td><td>部门</td><td></td><td>单位名称</td><td></td></tr>
<tr><td colspan="2">地址</td><td colspan="5"></td></tr>
<tr><td colspan="2">电话</td><td colspan="3"></td><td>传真</td><td></td></tr>
<tr><td colspan="2">电子邮箱</td><td></td><td>公司网址</td><td></td><td>邮编</td><td></td></tr>
<tr><td>订购书目</td><td colspan="6"></td></tr>
<tr><td rowspan="2">付款方式</td><td>邮局汇款</td><td colspan="5">中资海派商务管理（深圳）有限公司<br>中国深圳银湖路中国脑库 A 栋四楼　　邮编：518029</td></tr>
<tr><td>银行电汇或转账</td><td colspan="5">户　名：中资海派商务管理(深圳)有限公司<br>开户行：招行深圳科苑支行<br>账　号：81 5781 4257 1000 1<br>交行太平洋卡户名：桂林　　卡号：6014 2836 3110 4770 8</td></tr>
<tr><td>附注</td><td colspan="6">1. 请将订阅单连同汇款单影印件传真或邮寄，以凭办理。<br>2. 订阅单请用正楷填写清楚，以便以最快方式送达。<br>3. 咨询热线：0755-25970306转158、168　传　真：0755-25970309<br>E-mail: szmiss@126.com</td></tr>
</table>

→利用本订购单订购一律享受 9 折特价优惠。

→团购 30 本以上 8. 5折优惠。